101
한국사

101 한국사

단어로 논술까지 짜짜짜: 진짜 핵심 진짜 재미 진짜 이해

ⓒ 김세은 2022

초판 1쇄	2022년 7월 7일

지은이	김세은

출판책임	박성규	펴낸이	이정원
편집주간	선우미정	펴낸곳	도서출판 들녘
기획·편집	김혜민	등록일자	1987년 12월 12일
디자인진행	한채린	등록번호	10-156
일러스트	에이욥프로젝트	주소	경기도 파주시 회동길 198
편집	이동하·이수연	전화	031-955-7374 (대표)
디자인	고유단		031-955-7389 (편집)
마케팅	전병우	팩스	031-955-7393
멀티미디어	이지윤	이메일	dulnyouk@dulnyouk.co.kr
경영지원	김은주·나수정		
제작관리	구법모		
물류관리	엄철용		

ISBN	979-11-5925-771-1 (43910)
세트	979-11-5925-777-3 (44080)

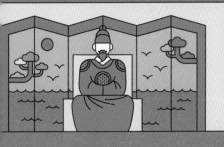

101

한국사

김세은 지음

단어로
논술까지
짜짜짜

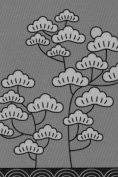

푸른들녘

학교에서 수업할 때면, 아이들이 안쓰럽게 느껴지는 경우가 종종 있습니다. 특히 초롱초롱한 눈으로 열심히 수업을 듣지만 어려운 역사적 용어를 이해하지 못해서 온전히 수업에 집중하지 못하는 모습을 보고 있자면 교사로서 잘 가르치지 못하고 있는 것이 아닌가 하는 죄책감이 들기도 합니다. 그래서 수업시간에 하나하나 단어의 뜻을 풀어주곤 하는데요. 그러다 보면 진도는 늦어지고 아이들은 필기에만 집중하느라 전체적인 흐름을 이해하지 못하는 경우가 생깁니다. 전체 흐름을 이해하지 못한 아이들은 결국 "역사는 암기야!"라고 생각하며 암기에만 치중하게 되고요.

여러분도 역사 시험을 준비할 때면, "이거 다 언제 외워!" 하면서 투덜거리며 힘들어하지요? 이럴 때, 역사 교사로서 억울한 부분이 조금 있습니다. 역사 속 단어의 어원과 이야기를 살펴보면 저절로 외워질 만큼 재미있는 내용이 정말 많거든요. 실은 저도 제한된 시간에 정해진 분량의 진도를 나가야 한다는 압박감에

"자! 빨리 필기해보세요!" 하고 넘어가는 경우가 많고 이럴 때마다 아이들에게 큰 빚을 지고 있는 것만 같았습니다.

그러다 드디어! 이번 책을 통해 그동안 마음의 빚을 덜어낼 수 있게 되었습니다. 이 책은 영화의 예고편과 같은 역할을 해줍니다. 영화를 보러 가기 전, 예고편을 보면 더 흥미를 갖고 영화에 집중할 수 있지 않나요? 또 예고편을 보며 미리 영화의 내용을 예상하는 과정도 재미있고요. 이처럼 여러분이 미리 책을 읽고 중요한 핵심 단어가 무엇인지 알고서 수업에 참여한다면, 더 깊이 집중할 수 있고 역사 과목에도 점차 흥미를 느끼게 될 것입니다.

이 책은 여러분이 꼭 필요한 단어를 알고 이해할 수 있도록 구성한 것입니다. 우선 기존에 나온 중학교 교과서를 모두 분석하여 이번 교육과정에서 강조하는 핵심 단어를 신중하게 골랐습니다. 그리고 시간 순서대로 단어의 뜻과 유래를 정리했습니다. 특히 실생활과 가장 관련이 있는 예시들로 구성하여 단어를 설명했습니다. "오늘 하는 공부가 내 삶과 연관이 있다."고 생각해야 즐겁게 학습할 수 있지 않겠어요?

〈책을 읽을 때 팁〉

차례를 확인하고 시대별로 구분하자.

핵심 단어들이 시대 순서대로 나열되어 있습니다. 바로 본문을 읽기 전에 먼저 목차를 펼친 뒤, 〈고대-고려-조선-근대-일제-현대〉로 나누어보세요. 그럼 시대별로 중요시하는 내용을 한눈에 확인할 수 있습니다. 101개라는 단어가 많다고 느껴 부담을 느낄 수 있지만 세세하게 단어를 구분하다 보면 '이거 언제 읽지?'라는 부담감을 내려놓을 수 있을 거예요.

수업하기 전 쉬는 시간에 오늘 배울 내용에 해당하는 단어를 읽어보자.

이 책은 기존에 나와 있는 중학교 한국사 8종 교과서를 분석하여 가장 강조하고 있는 핵심 단어 101개를 뽑았습니다. 따라서 핵심 단어를 먼저 파악하고 수업을 들으면 수업의 이해도와 흥미가 높아질 것입니다.

많은 시간을 들여서 책을 읽지 않아도 됩니다. 자투리 시간을 활용해서 오늘 배울 내용에 해당하는 단어를 찾아 읽어보면 충분합니다. 마치, 영화의 예고편을 보는 것처럼 말이지요!

단어의 뜻은 빨간색으로, 재미있는 이야기는 파란색으로 밑줄을 쳐보자.

아무리 재미있는 책이라도 시간이 지나면 기억이 옅어지기 마련입니다. 역사용어도 시간이 지나면 '아… 뭐였더라…?' 하고 생각할 수 있어요. 그때 다시 유용하게 책을 읽기 위해 글을 읽으며 단어의 내용은 빨간색으로 밑줄을 쳐주세요. 그리고 그 단어를 설명하는 재미있는 이야기는 파란색으로 그어주고요. 해당 단어의 뜻을 잊었을 때, 다시 내용을 파악하기가 쉬워집니다.

차례

선사시대
굴러다니는 돌에도 역사가 있어!

글자가 없는 사회를 상상해보세요. 생각만 해도 답답하다고요? 글자가 없어도 나름대로 소통할 수 있는 다른 수단이 나왔을 게 분명합니다. 여러분이 문자를 보낼 때 감정을 표현하는 이모티콘을 즐겨 쓰는 것처럼요.

역사 교과서에 가장 먼저 등장하는 '선사시대'에도 문자가 없었습니다. 즉, 문자가 발명되기 전의 시대지요. 그러니 선사시대 사람들이 어떻게 살았는지 기록한 책은 남아 있지 않습니다.

선사시대 사람들이 어떤 삶을 살았는지 알 수 있는 방법은 정말 없는 걸까요? 아닙니다. 선사시대 사람들은 '문자' 대신 다양한 방식으로 자신들의 삶을 기록했거든요. 대표적인 선사시대로 석기시대가 있습니다. 석기시대를 풀어보면 '석石(돌)'+'기器(도구)'라는 의미가 나옵니다. '돌을 도구로 쓰던 시대'라는 뜻이군요. 그렇다면 돌을 어떻게 다루었는지 살펴보면 당시 생활상을 조금이나마 짐작할 수 있겠지요?

벌떡 일어나 두 발로 걷게 되면서 인간의 두 손은 자유를 얻었습니다. 손을 자유자재로 쓰게 된 인간은 가장 먼저 먹을 것을 구하는 데 사용할 도구를 만듭니다. 사냥하거나 물고기를 잡을 때 쓰는 도구 만들기에 몰입한 거죠. 이때 가장 많이 이용한 재료가 '돌'입니다. 주변에 널린 게 돌이었으니까요. 돌을 잘 다듬어 사냥하고, 동물의 가죽을 벗기고, 나무를 자르고, 땅도 팠습니다. 물론 돌만 이용한 건 아니에요. 바닷가 근처에서 발견된 조개더미에서도 석기시대 사람들의 생활을 엿볼 수 있지요. 커다란 조개더미 속에서 신석기시대 사람들이 사용했던 물건이 나왔거든요. 그중 하나가 '그물추'인데, 이로써 그물을 활용하여 물고기를 잡았다는 것을 알 수 있죠. 음식을 저장했던 '빗살무늬토기'와 곡물을 가는 데 사용했던 '갈돌'과 '갈판'은 당시 사람들이 주로 먹었던 음식과 즐겨 사용한 도구를 짐작하게 해줍니다.

지금 우리 집 쓰레기통을 보고 우리 가족이 어제 치킨을 먹었던 흔적을 발견할 수 있는 것처럼 의미 없어 보였던 조개더미를 통해서 3000년 전 사람들의 모습을 찾아볼 수 있답니다. 돌과 조개더미 외에도 동물의 뼈나 동굴의 낙서를 바탕으로 그들의 삶을 상상해볼 수도 있고요.

실제로 1983년에는 화석을 통해 선사시대의 어린아이 모

#문자가_없어도_괜찮아 #돌과_조개 #역사시대 #교과연계+역사의_의미와_선사시대

습과 장례풍습까지 상상할 수 있는 인류의 화석이 발견되었어요. 처음 발견한 사람의 이름을 따서 홍수아이라고 부르는데요. 홍수아이 화석을 연구한 결과 구석기 시대에 살았던, 키가 110~120cm 정도였던 5~6세 아이로 드러났습니다. 홍수아이의 화석과 함께 국화꽃 화석이 나오기도 했는데, 이로써 구석기시대 사람들의 장례풍습까지 짐작할 수 있었답니다. 비록 어린 나이에 세상을 떠났지만, 부모님을 따라 사냥을 하고, 돌을 깨트려 엉성한 뗀석기를 만들고, 주기적으로 대무리를 따라 열심히 이동했을 홍수아이의 하루가 그려지나요?

우리가 팅! 하고 차버린 어느 '돌'에도 3000년 넘는 기억이 들어 있을지 모른다니, 참 흥미진진하지요?

문자가 있던 시대, 즉 문자로 쓴 기록들을 통해 괴기를 알 수 있게 해주는 시대를 '역사시대'라고 합니다. 지금 우리가 사는 시대도 '역사시대'입니다. 역사시대를 연구하기 위해서는 문자로 쓰여진 기록들을 중심으로 하지요. 뿐만 아니라 오래 사람들에게 전해오는 이야기, 그림 같은 회화 작품, 출토되거나 발견된 유물들을 통해서도 우리는 역사를 연구할 수 있습니다. 오늘 여러분이 쓴 일기도 훗날 역사가 될 수 있겠지요?

고인돌
나 이런 사람이야!

여러분은 다른 사람에게 어떤 사람으로 기억되고 싶어요? 멋진 사업가, 훌륭한 정치인, 좋은 사회를 만드는 데 기여한 활동가, 자신과의 싸움에서 이긴 스포츠 선수…. 하지만 이렇게 대단한 성취를 이루지 않아도 자신을 드러내는 방법은 많습니다. 목소리, 글씨체, 특별한 미소, 헤어스타일이나 소지품으로도 우리는 자신을 드러낼 수 있습니다.

청동기시대에도 '나 이렇게 대단한 사람이야'를 죽어서까지 보여주고 싶었던 사람들이 있었어요. 그래서 청동기시대의 지배층인 '군장'은 아주 커다란 돌을 이용해 무덤을 만들었습니다. 바로 '고인돌'이에요. 고인돌은 아주 크고 평평한 바위를 쌓아 올려 만든 구조물입니다. 생김새가 지역별로 다르긴 한데, 보통 탁자 모양을 한 고인돌이 많습니다.

Q #고인물_아니고_고인돌 #지배층의_무덤 #강화도 #교과연계+청동기_문화_발달

고인돌의 크기는 작은 것이 1미터, 큰 것은 4미터나 됩니다. 텔레비전에서 보는 배구선수들의 키가 평균 2미터이던데 4미터라니요. 크기가 정말로 어마어마하군요. 그런데 당시 사람들은 그 무겁고 큰 돌을 어떻게 옮겨서 무덤을 만들었을까요, 과연 얼마나 많은 사람이 필요했을까요? 놀랍게도 고인돌을 만드는 데 쓰이는 돌은 오직 사람의 힘으로 옮겼다고 합니다.

여기서 생각할 점이 있습니다. 만약 일반 사람이 '나 죽을 때를 대비해서 무덤 만들 건데, 집안일 다 때려치우고 돌 옮기는 것 좀 도와줘!'라고 한다면 사람들이 도와줄까요? 그냥 무시하겠지요. 그러니까 고인돌처럼 거대한 무덤을 만들 수 있었던 사람은 엄청난 권력을 가진 지배층이었겠군요. 지배층이 있었다는 것은 곧 '계급'이 발생했다는 것을 의미하고요.

신기하게도 전 세계 고인돌 중 절반 이상이 우리나라에 있습니다. 특히 강화에 있는 고인돌은 유네스코 세계유산에 공식으로 등재되었답니다. 남을 부려 고인돌을 만들 만큼 권세를 누렸던 이들은 어떤 생활을 했을까요, 그들을 위해 돌을 날라야 했던 사람들의 마음은 어떠했을까요?

 고인돌은 청동기시대를 대표하는 무덤입니다. 청동기시대가 지나가고 철기시대가 되면 고인돌은 많이 나타나지 않아요. 현대에도 무덤의 형식은 매번 변화하고 있는데요. 땅을 파고 흙으로 덮거나, 화장을 해서 납골당에 모시기도 하고, 나무 아래에 재를 뿌리기도 합니다.

003

고조선
곰과 호랑이의 버티기 테스트

하늘 신 환인의 아들이었던 환웅은 비, 바람, 구름의 신을 데리고
인간 세상에 내려옵니다. 그는 곰과 호랑이에게 "100일 동안 쑥
과 마늘만 먹고 햇빛을 보지 않는다면 사람이 될 것"이라고 약속
했어요. 곰은 참고 또 참아 21일 만에 사람이 됩니다. 바로 '웅녀'
예요. 이후 환웅은 웅녀와 결혼하여 아들을 낳는데, 그 아들이 우
리나라 최초의 국가인 고조선을 건국한 단군왕검입니다.

　여러분이 너무도 잘 아는 '단군 이야기'를 조목조목 살펴보
면 고조선이 어떤 나라인지 이해하기 쉬울 텐데요. 이야기 속 숨
은 의미를 찾아볼까요?

　먼저 환웅이 하늘에서 인간 세상으로 내려왔다는 것은 신이
'고조선 민족을 선택했다'라는 선민사상을 의미합니다. 환웅이
비, 바람, 구름의 신을 데리고 인간 세상에 내려왔다는 것은 고조

Q　#단군_이야기에_숨겨진_의미 #부족 #토테미즘 #교과연계+고조선의_성장과_여러_나라의_발전

선이 농사를 중요시한 사회였다는 걸 뜻합니다. 적당한 비, 바람, 구름이 농사의 성공과 실패를 결정하거든요.

그다음 사람이 되고 싶어 했던 곰과 호랑이를 볼게요. 100일 동안 동굴에 숨어서 쑥과 마늘만 먹겠다고 결심했다니, 아무리 신화라지만 왠지 석연치가 않아요. 곰도 호랑이도 최상위 포식자인 육식동물이잖아요. 그렇습니다. 단군신화에 등장하는 곰과 호랑이는 '진짜 동물'이 아닌 '곰을 숭상하는 부족'과 '호랑이를 숭상하는 부족'을 의미합니다. 곰만 사람이 되었다는 것은 곰을 숭배하는 부족이 호랑이를 숭배했던 부족과 싸워 승리했다는 뜻이겠지요? 당시 사회에 동물과 인간의 관계를 신성시한 토테미즘이 있었다는 것도 알 수 있고요.

한 가지 더. 고조선에는 나라를 다스리기 위한 8가지의 법인 '8조법'이 있었어요. 그중 3개의 조항만 전해지는데, 이를 통해 고조선 사회의 모습을 추측할 수 있습니다.

'사람을 죽인 자는 즉시 죽인다' '남에게 상처를 입힌 자는 곡식으로 갚는다'는 조항에서 고조선이 사람의 생명과 노동력을 중시했다는 것을 알 수 있고, '도둑질한 자는 노비로 삼는다'를 통

고조선의 원래 이름은 '조선'이었습니다. 그런데 고려왕조 이후 등장한 태조 이성계도 나라 이름을 '조선'이라고 지었어요. 이성계의 조선과 단군의 조선을 구분하기 위해 '옛날'이라는 뜻을 의미하는 한자인 '고古'를 붙여서 고조선이라고 부릅니다.

해 계급이 존재했다는 것도 알 수 있습니다.

역사를 공부하다 보면 '저게 말이 돼?'라고 생각할 법한 이야기들이 왕왕 등장합니다. 이럴 때 '왜 저런 이야기가 나올까?' 생각해보세요. 그 역사를 기록한 사람은 누구인지도 함께 말이에요. 그러면 곳곳에 숨어 있는 보석 같은 이야기들을 만날 수 있답니다.

004

연맹왕국
우리 결혼… 아니 연합했어요!

여러분이 친한 친구들과 함께 한집에서 살게 되었다고 생각해볼 까요? 투표를 해서 성격이 가장 활발한 친구를 대표로 뽑았습니다. 그런데 갑자기, 집주인이 된 친구가 자기 마음대로 여러분에 게 이런저런 것들을 요구합니다. "9시까지는 집에 꼭 들어와!" "화장실 휴지 쓰려면 내 허락을 받아" "TV 리모컨은 내가 관리할 거니까 물어보고 채널 바꿔!" 이럴 때 여러분은 친구가 원하는 대로 다 들어줄 건가요? 아니죠! 서로 크게 다를 것 없는 친구들 중 한 명을 대표로 뽑았을 뿐이잖아요.

이처럼 연맹왕국도 비슷한 힘을 가진 부족들이 모여 만든 것 이어서 왕이라고 해도 특별한 권한을 가진 건 아니었습니다. 왕 권이 약할 수밖에 없었지요.

"비가 안 와서 농사를 못 짓겠어! 이게 다 왕이 어질지 못해 서 그런 거야. 왕을 바꾸거나 죽여야 해!"

『삼국지』「위서」동이전에는 비가 오지 않는 것을 왕의 탓으로 돌리면서 왕을 갈아치우자고 했던 이야기가 종종 등장합니다. 실제로 '부여' 풍속에는 가뭄이나 장마로 날씨가 고르지 못하여 흉년이 들면 왕을 바꾸거나 죽이는 경우가 있었다고 해요.

평등 사회였던 신석기시대를 지나 사람들 사이에 계급이 생기기 시작합니다. 누가 더 힘이 센지, 누가 더 재산이 많은지에 따라 지배하는 사람과 지배를 받는 사람으로 나뉜 거죠.

그리고 사람들은 '부락'을 이루어 '부족'을 형성했어요. 우리 반에 반장이 있는 것처럼 부족에는 '부족장'이 있었고, 그 부족장들이 각각 자기 부족을 다스렸습니다. 그러다 보니 지역마다 많은 부족이 생겼고 부족 중에도 강한 부족과 약한 부족이 구별되었습니다. 힘세고 재산도 많은 강한 부족은 힘이 약한 부족을 호시탐탐 노렸어요. 이에 세력이 비슷한 부족끼리 힘을 합쳐 작은 국가를 만들게 되었습니다. "우리 서로 연합하기로 맹세하자!"라고 약속하면서요.

이렇게 태어난 것이 연맹왕국입니다. 연맹왕국은 부족장들의 연합으로 만들어졌어요. 따라서 왕의 힘이 약했고, 모든 사람에게 적용되는 법이 없었고, 통일된 종교도 없었습니다.

연맹왕국의 탄생 배경을 알고 나니 왜 왕권이 약했는지 이해되지요? 이후 연맹왕국은 점차 국가의 형태를 갖추고 훗날 '고대

🔍 #씨족 #종족 #부족 #중앙집권 #교과연계+철기문화를_바탕으로_성장한_나라들

국가'로 발전합니다. 국가를 다스릴 통일된 법을 정비하고, 백성의 마음을 하나로 모아줄 종교를 제정하고, 정복 활동을 거쳐 영토를 넓히면서 국가의 힘을 키우게 됩니다. 자연스레 고대국가의 왕은 보다 강력한 힘을 바탕으로 중앙집권에 성공하지요.

하지만 고대국가로 발전하지 못한 연맹왕국은 멸망하고, 그 대표적인 나라가 가야입니다. 가야는 풍부한 철과 비옥한 토지를 바탕으로 크게 성장할 수 있었어요. 하지만 중앙집권화를 이루지 못했고 결국 신라에 멸망하게 되었지요.

요즘엔 연맹왕국이 아니라 연방국가가 있습니다. 대표적인 연방국가는 '미국'이에요. 우리나라의 '도'와 비슷하게 미국은 '주'로 구분되어 있는데, 각 '주'는 저마다 독립된 법이 존재할 만큼 독자성이 강해요! 하지만 각 주는 '미국' 안에 포함되었지요.

책화
선 넘는 녀석들은 가만두지 않겠어

여러분의 교실 문에는 혹시 '다른 반 학생 출입금지'라고 적힌 경고장이 붙어 있지 않나요? 허락 없이 다른 반에 들어갔다가 만에 하나 안전사고가 발생한다든지 불미스러운 오해가 생긴다든지 할까 봐 붙여 놓은 경고장 말입니다. 이런 것도 일종의 공동체 보호 차원에서 한 일이라고 볼 수 있는데요. '동예'에는 다른 공동체가 사는 지역에 함부로 들어온 사람을 벌하는 무서운 규율이 있었답니다. 이 제도를 '책화'라고 해요.

　동예는 부여, 고구려와 함께 성장했고, 위치는 한반도 북부 동해안 지역입니다. 당시 동예에는 '왕'이라는 칭호를 가진 지배자가 없었습니다. 대신 마을마다 산이나 냇가를 경계로 영역을 정해놓고 대표자인 군장이 다스렸어요. 만약 허락 없이 다른 부족이 사는 곳에 들어가면 노예나 소, 말 등으로 보상해야 했습니다. 농사를 주로 짓는 부족이었으니 가장 중요한 동물인 소와 말을 벌금으로 내게 하여 경각심을 일깨웠군요.

같은 종족끼리 인정머리도 없이 왜 저렇게까지 했느냐고요? 동예는 공동체끼리 똘똘 뭉쳐서 살고 나눠야 한다는 규칙을 매우 중요하게 여겼기 때문입니다. 산과 냇가를 경계로 둔 각각의 지역 안에는 개개인이 농사를 짓는 땅(경작지)과 공동의 재산인 산이나 들판, 하천(공유지)도 있었습니다. 이것들과 여기서 나오는 소득을 관리하는 임무는 공동체의 몫이었어요. 그러니 다른 사람이 들어와 농사를 짓거나 하여 소득이 나오면 '내 것, 네 것' 하면서 다툼이 생길 게 뻔하잖아요? 책화는 이런 불편한 상황을 아예 막아버리려는 조치였어요.

그럼 동예 사람들은 평생 다른 마을은 구경도 못 하고 죽었을까요? 아니에요! 결혼할 때는 마을의 경계를 자유롭게 넘나들 수 있었습니다. 동예의 결혼 풍습은 족외혼族外婚이었거든요. 우리 부족 사람이 아닌 다른 부족의 사람과 결혼하는 거요.

평소에는 마음대로 선을 넘지 못하게 하다가 결혼할 때는 반드시 넘어가라고 했다니, 참 재미있지 않나요?

🔍 #출입금지 #동예 #공동체 #족외혼 #교과연계+동해안_지역에서_성장한_옥저와_동예

제천행사

하늘아 고마워!
이 기쁨을 이웃과 나눌게!

학교에 다니면서 가장 행복한 시간은 언제인가요? 점심시간이 아닐까요? 열심히 수업을 듣고 나서 먹는 밥은 정말 꿀맛입니다. 맛있는 반찬이 나오는 날에는 마음속으로 '영양사 선생님 최고'를 외치기도 하지요.

우리는 지금 거의 모든 사람이 '먹고 싶은 만큼 먹는' 시대를 살고 있어요. 그러나 채집과 수렵으로 먹을 것을 마련했던 시기엔 배불리 먹는 것이 소원이었을 겁니다. 한곳에 정착하여 재배법을 익히고 제대로 농사를 짓기까지 수많은 시행착오를 거쳐야 했고요. 한꺼번에 먹을 것을 수확하고 이를 저장하게 해준 농사는 그야말로 인류 역사상 첫 번째 혁명이었습니다. 옛 사람들이 추수하는 날을 가장 소중하게 생각했던 배경이 이해되지요?

사람들은 1년 중 가장 즐겁고 풍요로운 이 날을 기억하고 감

#하늘이시여 #감사 #농사_수확 #영고 #동맹 #삼한 #추석_중수절 #교과연계＋여러_나라의_성장

사하려고 축하 파티를 열었습니다. 파티의 주된 목적은 하늘에 감사하는 것이었어요. 농사가 잘되려면 하늘에서 적당한 비와 햇빛을 내려줘야 하니까요. 이렇게 하늘에 제사를 지내면서 여는 축하 파티를 '제천행사'라고 불렀습니다. 하늘(천)에 제사(제)를 지내는 행사라는 의미이지요.

제천행사는 어느 나라에나 중요한 일이었어요. 부여는 12월에 '영고'라는 이름으로, 고구려는 10월에 '동맹'이라는 이름으로 제천행사를 열었는데, 이때 '삼한'은 5월과 10월 두 차례에 걸쳐 행사를 치렀습니다. 삼한은 현재의 경상도와 전라도가 속한 지역인데요. 한반도의 남쪽인 이 지역은 농사가 잘되는 조건을 두루 갖추고 있었습니다. 그래서 감사한 마음을 꾹꾹 눌러 담아 씨를 뿌리는 5월과 곡식을 수확하는 10월에 제천행사를 열었지요.

21세기를 살아가는 우리도 제천행사와 성격이 비슷한 연중행사를 치르고 있답니다. 바로 '추석'이에요. 추석은 '중추절'이라 부르기도 하는데, 1년 농사를 마무리하고 결실을 수확하여 온 가족이 모여 감사와 기쁨을 나누는 명절입니다. 풍요로운 식탁을 나누고 사랑하는 사람들과 좋은 시간을 함께할 수 있다는 점에서 제천행사와 추석은 닮은꼴이네요.

 제천행사는 멀리 떨어진 친구를 만나는 자리이기도 했어요. 바빠서 만나지 못했던 친구들을 만나 다채로운 음식을 먹고 즐겼으니까요. '파워인싸'라면 꼭 참여해야겠죠?

골품제
골골골 나는 뼛속까지 귀족이지롱

학교 시험을 준비하느라 밤을 새워 공부한 적이 있나요? 열심히 노력한 만큼 좋은 결과가 나오면 정말 그러지 못할 경우, 사람들은 실망하게 마련입니다. 그런데 자신의 노력과 능력보다 타고난 출신을 더 중시했던 사회가 있었습니다. 바로 고대국가 신라예요.

신라에는 귀족에게만 해당되었던 골품제라는 신분제도가 있었어요. 신라의 귀족 사이에서 누가 더 높은지 가리고 서열을 나눈 제도예요. 정말 엄청나게 '별걸 다' 신분에 따라 지켜야 했습니다.

골품제는 '골제'와 '두품제'로 이뤄졌습니다. 우선 '골제'의 '골骨'은 '뼈'를 의미합니다. 그러니까 골제란 '뼈에 따라 신분을 나눴다'는 거예요. 뼈가 튼튼한 순서대로 높은 신분을 주었다는 뜻은 아니고요. '태어났을 때부터 신분이 정해진다'는 뜻이랍니다. 아무리 노력해도 뼈를 바꿀 수 없는 것처럼 태어날 때부터 우리 부모님의 신분이 높으면 나도 자연스럽게 높은 신분을 가질 수 있다는 거예요. 즉, 골제는 타고난 신분이 높은 귀족을 의미합니다.

골제는 다시 성골과 진골로 나뉩니다. 성골은 신분제도 꼭대기에 있는 최고 등급이에요. 그래서 신라에서는 오직 '성골'만 왕을 할 수 있었습니다.

두품제도 알아볼게요. 두품제의 '두頭'는 '머리'를 의미합니다. '품'은 '등급'을 의미하고요. 이번엔 '머리에 따라 등급을 나누었다'는 뜻이죠. 머리에 따라 등급을 어떻게 나누었을까요? 그렇죠! 머리가 똑똑하면 더 높은 등급을 주었다는 거네요. 아까 본 골제는 타고난 것이기 때문에 노력해도 바꿀 수 없었지만, 두품제는 열심히 공부하면 더 높은 등급으로 올라갈 수 있다는 걸 뜻했습니다. 두품은 4두품, 5두품, 6두품으로 구성됩니다. 4두품이어도 열심히 공부하고 노력하면 5, 6두품으로 올라갈 수 있다는 거예요. 하지만 거기까지가 끝! 6두품이 아무리 노력해도 진골, 성골은 될 수 없었습니다.

골품제도는 아주 엄격한 신분제도 중 하나입니다. 골품에 따라 입을 수 있는 옷도 다르고 살 수 있는 집의 크기도 달랐어요. 일상 구석구석을 파고든 신분제도의 영향 때문에 사람들은 부당한 사회적 차별을 당연한 것으로 받아들이게 되었습니다. 요즘 이런 이야기를 들으면 "말도 안 돼!"라고 흥분할 테지만, 지금 우리가 사는 세상에도 부당한 차별은 여전히 존재하겠지요?

🔍 #신라 #성골이_최고야 #사회적_차별 #두품제 #신분제 #교과연계+일상생활까지_지배한_골품제

화랑
신라 통일의 주인공은 나야 나!

많은 학생이 들어가고 싶어 하는 청소년 기자단에서 신입 회원을 뽑는다고 해요. 다들 가슴이 두근두근합니다. 전국 규모로 회원을 모집하는 청소년 기자단의 선발 조건은 꽤 까다로워요. 나이는 15세에서 18세의 청소년이어야 하고, 이제까지 독서한 양이 300종 정도 되어야 하고, 잘하는 스포츠 종목이 하나 있어야 하고, 악기도 하나 다룰 줄 알아야 합니다. 여러분은 청소년 기자단에 들어갈 자신이 있나요?

조건은 조금 다르지만 신라에도 당시 청소년들의 마음을 사로잡았던 단체가 있었답니다. 바로 '화랑도'예요. '화랑도'의 '화花'는 꽃을, '랑郎'은 사내를, '도徒'는 무리를 뜻합니다. 꽃처럼 아름다운 남자들이 모인 단체로군요. 신라는 화랑도를 만들어 똑똑하고 전투 능력이 뛰어난 청소년들을 기르기 시작했어요. 나라에서 인재로 키워준다고 하니 화랑도의 인기는 하늘 높이 치솟았죠. 하지만 조건이 까다로워 아무나 들어갈 수는 없었습니다.

화랑도는 크게 화랑과 낭도로 나뉘었어요. 화랑은 '진골 귀족'만 가능했고 화랑을 따르는 '낭도'는 평민이어도 괜찮았습니다. 단, 15세에서 18세의 남자 중 외모가 반듯하고 행동이 올바르며 책을 많이 읽어 똑똑한 청소년들이어야 했어요. 아주 까다롭네요. 사실 '반듯한 외모'라는 부분이 너무 주관적인 것 같지만 말이에요.

화랑도는 어떤 훈련을 했을까요? 군사적인 목적으로 만들어진 단체이니 주로 무술훈련을 했을 거라고 짐작하기 쉽지만, 노래와 춤도 배웠답니다. 무엇보다 마음 수련을 가장 중요시하여 '세속 5계'를 항상 지키려고 애썼습니다. 세속 5계란 화랑으로서 그리고 인간으로서 잘 살아가기 위해 지켜야 할 다섯 가지 규칙인데요. '임금님께 충성을 다하자' '부모님께 효도하자' '믿음으로 친구를 사귀자' '생명을 함부로 죽이지 말자' '한 번 싸우면 물러서지 말자'입니다. 주로 왕에 대한 충성과 효도와 애국심, 용기와 같은 덕목을 강조했군요. 세속 5계를 통해 몸과 마음을 수련한 화랑들은 훌륭한 어른으로 성장했고 화랑이 늘어나자 신라의 힘은 더 강해졌습니다. 화랑도는 삼국 중 제일 발전이 늦었던 신라가 결국 통일의 주인공이 되는 데 큰 역할을 하지요. 그 유명한 통일 주역 김유신과 김춘추도 '화랑도' 출신이었으니까요!

| 🔍 | #꽃미남 #군사훈련_마음수련 #김유신 #김춘추 #세속_5계 #교과연계+한강_유역을_차지한_신라 |

율령
법꾸라지, 법률로 다스리마!

여러분의 학교생활에 '감 놔라 배 놔라' 하던 규칙이 모두 사라진다면 어떨까요? 너무나 신날 것 같지요? 규칙이 없어지면 교복을 입지 않아도 되고 자유롭게 염색도 할 수 있을 테니까요. 수업 시간에 스마트폰으로 동영상을 보며 낄낄거리거나 큰 소리로 떠들어도 혼나지 않을 거고요. 그런데 문제도 많이 발생할 것 같아요. 예를 들어 소란스러운 교실에서는 수업에 집중하기 힘들 거고, 학생들 각자가 다른 행동을 하게 되면 지켜보는 교사들의 수도 엄청 많아져야 할 테니까요.

안전하고 행복하게 지내기 위해 만든 규칙은 어느 집단에나 꼭 필요합니다. 옛날 옛적 고구려, 백제, 신라에도 나라의 규칙인 '법'이 있었는데요. 이렇게 나라를 다스리기 위한 법과 제도를 '율령'이라고 합니다. 율령의 '율律'은 지금의 '형법'에 해당합니다. 형법이란 누군가 범죄를 저질렀을 때 처벌하는 법이에요. '죄를 저지른 범죄자를 → 형사들이 잡고 → 범죄자는 재판을 통해 처벌을 받을 수 있도록' 하는 것이지요.

다음으로 '령令'은 지금의 '행정법'을 의미합니다. 행정법은 나라를 효율적이고 합리적으로 관리하기 위한 법으로, 국가를 잘 다스리기 위한 전체적인 틀이지요.

삼국의 율령이 역사적으로 어떤 의미를 갖는지 알아볼까요? 먼저 율령을 제정한 이유가 중요한데요. 나라를 다스리려면 모든 구성원에게 적용되는 통일된 법이 있어야 합니다. 만약 법이 '귀에 걸면 귀걸이, 코에 걸면 코걸이'처럼 적용된다면 나라는 혼란에 빠질 테니까요.

그다음, 한 나라에 율령이 있다는 것은 곧 권세 등등한 왕이 존재했다는 사실을 의미합니다. 왕을 중심으로 고구려 백제 신라 삼국이 강력한 중앙집권체제를 이루어갔음을 알 수 있지요. 그 후의 한반도 역사는 왕과 그의 힘을 견제하려는 주변 세력이 때로는 마음을 모으고 더 자주 충돌하면서 이루어집니다.

이제 우리는 법이 없는 사회를 상상하기 어렵습니다. 법은 인간으로서, 그리고 시민으로서의 권리와 자유뿐만 아니라 생활하는 데 불편함이 없도록 안전과 편리함까지 보장해줍니다. 물론 법을 악용하는 사례나 법의 심판을 피해가는 '법꾸라지 피플'의

대한민국에서는 정치 권력이 한 사람에게 쏠리는 것을 막기 위해 국가권력을 입법부, 사법부, 행정부로 나눴어요. 입법부인 국회에서 국민을 위한 법을 만들고, 사법부에서 법률을 근거로 재판을 합니다!

이야기가 눈살을 찌푸리게 만들기도 합니다. 법이 모든 사람의 안전과 행복한 삶을 완벽히 지켜주지 못한다는 뜻일 텐데요. 앞으로 우리는 일상에서 '법'이 사람들의 기본적인 인권을 보장해 주는 든든한 울타리 역할을 하고 있는지 잘 살펴야 할 것입니다.

#율_형법 #령_행정법 #왕이_만든_법과_제도 #인간사회와_법 #교과연계+삼국의_형성과_성장

관등·관복

직급에 맞는 옷을 입고
줄을 서시오!

일주일 동안 혼자서 집안일을 다 해야 한다면 어떨까요? 식사 준
비에 빨래, 청소, 분리수거까지… 한 사람이 전부 하기엔 너무 힘
들 거예요. 그래서 요즘에는 가족들이 집안일을 나누어 처리합니
다. 나랏일은 어떨까요? 집안일과 비교되지 않을 만큼 종류가 다
양하고 일의 성격도 복잡합니다. 예로부터 왕이 혼자 일하지 않
고 자신과 함께 일할 관리를 뽑았던 배경이지요.

삼국 시대의 왕은 손수 관리를 뽑아 나랏일을 맡겼습니다. 그
러고는 능력과 역할에 따라 관리들을 높은 등급부터 낮은 등급
으로 나누었지요. 이를 '관등'이라고 합니다. 이때 모든 관리에게
명령을 내리는 가장 높은 사람이 바로 '왕'이었답니다. 하지만 전
부 한자리에 모아 놓고 일을 지시하는 게 아니라 왕과 가장 가까
운 높은 등급의 관리들에게 업무를 주면 그들이 역할을 분담해서
다른 관리에게 전달하는 식이었습니다.

그런데 예상하지 못했던 사소한 문제가 벌어졌습니다. 어느

날 왕이 궁전 마당을 거닐다가 3급 관리가 1급 관리에게 인사하지 않고 지나치는 광경을 목격한 거예요. 왕은 3급 관리를 불러세워 물었습니다. "그대는 왜 1급 관리에게 인사하지 않소?" 그러자 3급 관리가 대답했어요. "네? 저 사람이 1급이었어요? 몰랐어요. 저 사람이 말해주지 않는데 제가 어떻게 알겠어요?"

왕은 '아차' 하면서 관리들이 서로의 등급을 한눈에 알아볼 수 있게끔 대안을 마련합니다. 등급에 따라 다른 색의 옷을 입도록 한 거예요. 이를 '관복'이라고 합니다. 나랏일을 하는 관리들끼리 직책상의 상하 관계를 잘 파악하여 질서를 지키고 혼란을 막고자 했던 것입니다.

관등과 관복은 현재 우리의 삶과 아무런 관련이 없을까요? 그렇지 않습니다. 학교나 군대처럼 제복을 입는 조직을 들여다보면 관등이나 관복의 흔적을 찾아볼 수 있습니다. 학교를 예로 들면 학년별로 이름표 색깔이 다르거나 체육복 색이 다르고, 군대나 경찰 조직에서는 군복에 붙이는 견장이 다르거든요. 삼국 시대의 발자취가 21세기에서도 발견된다니, 역사는 흥미롭습니다.

#등급으로_나누어 #상하_관계 #질서 #교복 #제복 #교과연계+삼국의_형성과_성장

011

연호

연도와 연호는 뭐가 달라요?
연도에 이름을 붙이다

1919년, 1950년, 1997년, 2020년… 연도를 나타내는 이런 기년법의 기원을 아시지요? 흔히 '서력'이라고 하는 이 표기법은 예수 그리스도가 태어난 해를 원년으로 삼아 날짜를 세는 방식입니다. 예전에는 예수 탄생 전을 B.C(Before Christ; 기원전), 예수 탄생 이후를 A.D(Anno Domini; 기원후)라고 썼는데요. 최근에는 종교 중립적인 입장도 생각해야 한다는 의견을 담아 BCE(before Common Era; 공통시대 이전), CE(Common Era; 공통시대)를 쓰기도 합니다. 그런데 우리나라에 기독교가 들어온 건 얼마 되지 않잖아요? 옛날 사람들은 연도를 어떻게 표기했을까요?

어떤 나라들은 왕의 이름을 따 연호를 정했습니다. '연호'는 '연(년도)의 이름'이라는 뜻인데요. 예를 들어 별명이 '반짝반짝'인 은별 님이 2021년에 왕이 되면 그해를 '은별 1년' 또는 '반짝

Q   #년도의_이름 #왕의_권력 #광개토대왕 #독자적_연호 #영락 #교과연계+삼국의_발전과_팽창

반짝 1년'이라고 불렀습니다. 2025년은 '은별 5년'이 되겠지요? 그런데 2026년에 왕이 '석경' 님으로 바뀌었습니다. 이때부터는 왕인 석경의 이름에 따라 '석경 1년' '석경 2년'… 이렇게 표기하게 되는 거예요. '연호'란 연(해)의 이름이고, 과거에는 왕의 이름에 따라 연호를 바꾸어 썼다는 것을 기억하면 되겠어요.

하지만 우리 조상들은 중국의 연호를 따라 써야 했습니다. 우리만의 독자적인 연호를 사용하려고 하면 중국이 "너희 뭐야! 우리랑 지금 해보자는 거야?" 하면서 트집을 잡았거든요. 그러다가 광개토대왕에 이르러 최초의 우리 연호를 사용하게 됩니다. 이는 곧 국력이 엄청나게 성장했음을 의미하는데요, 광개토대왕이 얼마나 강력한 힘을 지닌 왕이었는지 느낄 수 있습니다. 광개토대왕이 지은 연호는 '영락'입니다. '영원히 즐겁게 살자!'라는 의미지요.

그런데 왜 지금은 서양에서 쓰는 기년법을 따르는 것일까요? 대한민국 정부 수립 초기에 우리는 독자적인 연호를 사용하려고 했습니다. 하지만 외국과 교류하면서 연호가 다르니까 자꾸 오해가 생기는 거예요. 우여곡절 끝에 1962년, 대한민국은 국제적으로 사용하는 '서양 달력의 기준'으로 연도를 세기 시작했답니다. 여러분! 광개토대왕의 연호를 사용했다면, 지금은 영락 몇 년일까요?

광복 이후, 대한민국 정부가 수립된 1948년에는 '단기' 연호를 사용했어요. 단기는 단군왕검이 고조선을 세워 즉위한 기원전 2333년을 원년으로 계산했습니다. 올해가 단기 몇 년인지 궁금하다면 현재 년도에 2333년을 더해보면 알 수 있어요.

012

수도
한반도에 수도가
세 개나 있었다고요?

수도는 '한 나라의 중앙 정부가 있는 도시'입니다. 수도首都의 한
자는 '임금이 있는 도시'를 의미하기도 해요. 현재 대한민국의 수
도는 중앙 정부가 있는 서울인데요, 옛날에는 어떤 도시가 수도
의 역할을 했을까요?

　당시 고구려, 백제, 신라는 각기 다른 나라였지만, 한반도 안
에 공존하고 있었습니다. 물론 세 나라의 수도는 달랐어요. 가장
중심이 되는 지역을 수도로 삼고, 왕과 주요 대신들은 그곳에 거
주하며 전국을 통치했다는 점은 같지만요. 고구려와 백제는 나
라에 이익이 되는 방향으로 수도를 옮기곤 했는데, 이를 '천도'라
고 합니다. '천도'의 '천遷'이 '옮기다'라는 뜻이니까 '수도를 옮긴
다'는 의미지요. 역사책을 읽다 보면 종종 천도 이야기가 나옵니
다. 과거에는 왕이 마음대로 수도를 옮길 수 있었던 걸까요? 아닙

#중앙_정부 #나라의_이익을_위해 #수도를_옮기다 #집중현상 #교과연계+삼국의_형성과_성장

니다. 왕이 있던 수도를 중심으로 나라가 성장하기 시작했는데, 갑자기 천도한다고 하면 수도에 살던 사람들이 아주 싫어했을 게 분명합니다. "집값 내려가면 나라에서 책임질 거예요?" 하면서 요. 즉 천도하려면 모두가 납득할 만한 이유가 있어야 했습니다.

고구려는 끝없는 정복 활동을 통해 땅따먹기하듯 땅을 넓혀 갔어요. 땅이 많아졌다는 것은 좋은 조건을 가진 땅이 늘어났다는 뜻입니다. 그래서 장수왕은 425년간 수도였던 국내성을 떠나 농사가 더 잘되고 지리적으로 나라의 중심에 가까운 평양으로 천도합니다.

한편, 나라의 이익을 좇아서가 아니라 어쩔 수 없이 천도한 경우도 있습니다. 백제가 그 주인공인데요. 백제는 삼국시대 초반에 가장 잘나갔던 나라예요. 그런데 항상 잘나갈 수는 없나 봐요. 고구려가 신나게 땅 따먹기를 하고 수도를 국내성

에서 평양으로 천도하는 일이 벌어지자 고구려와 백제 사이에 전쟁이 시작됩니다.

하늘 아래 태양이 두 개일 수 없다는 각오로 치열한 전투를 치렀지만, 백제는 패배했고 수도를 웅진으로 옮깁니다. 백제가 웅진을 선택한 데엔 군사적인 목적이 있었어요. 언제 다시 쳐들어올지 모르는 고구려의 공격을 막으려면 산으로 둘러싸인 웅진이 제격이라고 생각한 것이지요. 하지만 신라의 수도는 처음부터 끝까지 오직 경주였습니다. 신라는 한강 유역을 장악하고 삼국을 통일해도 수도를 옮기지 않았어요. 하지만 신라가 삼국을 통일하여 땅이 넓어지니 경주가 국토의 중앙이 아닌 한쪽으로 치우친 문제가 발생해요. 이쯤 되면 한 번쯤 천도했을 것 같지만 신라는 천도하지 않습니다. 다만, 작은 수도라는 뜻을 가진 5개의 특수 행정구역을 정비하여 수도가 한쪽으로 치우친 문제를 해결하고자 했으며 이를 5소경이라고 불렀답니다.

한 나라의 수도와 천도 과정을 따라가다 보면 당시 그 나라가 처한 상황을 이해하는 데 도움을 받을 수 있습니다.

대한민국 수도 서울은 정치, 경제, 문화, 교육의 중심지가 되었습니다. 다양한 문화시설과 편의시설이 과도하게 쏠리다 보니 인구집중 현상과 주택문제가 심화되고 있어요. 이와 반대로 지방 중소도시들은 인구가 나날이 감소하고 있습니다.

22담로
무령왕의 눈과 귀가 된
인간CCTV

전교 회장이 되면 어떨까요? 학교에서 발생하는 여러 문제를 주도적으로 해결할 수 있는 힘을 얻으니까 좋을 것 같지만, 막상 일을 시작하면 정말 만만하지 않다는 걸 느끼게 될 거예요. 친구들을 위해 열심히 일했는데, 불만도 많고 뒷담화도 많습니다. 모든 친구의 바람이나 의견을 다 듣고 도와주기란 너무나 어려운 일이기 때문입니다. 그래서 전교 회장은 각 반을 대표하여 나 대신 귀가 되어줄 수 있는 반장을 둡니다.

백제의 왕도 마찬가지였습니다. '수도' 편에서 우리는 백제가 고구려와의 전쟁에서 졌고, 결국 '천도했다'고 배웠습니다. 절망에 빠졌던 백제를 다시 일으키려고 했던 왕이 '무령왕'입니다. 무령왕은 새 수도 웅진에서 나라의 힘을 키우려고 노력했어요. 그런데 귀족들이 왕을 돕기는커녕 불평불만에 험담만 늘어놓습

#백제_무령왕 #내_욕을_하다니 #감시와_의견_수렴 #교과연계+백제의_위기_극복을_위한_노력

니다. 다들 중앙에서 멀리 떨어져 살고 있으니 불러서 이야기를 듣기도 힘이 듭니다.

'그래! 나 대신 귀족들의 불만도 들어주면서 내 험담 못 하게 감시할 관리를 각 지방에 보내야겠다!'

무령왕은 어떤 지역이 왜 중요한가 꼼꼼하게 살핀 다음 우선 관리 대상 리스트를 만들었습니다. 모두 22곳이네요. 그러고는 각 지역에 '담로'를 설치합니다. 담로는 백제의 지방 행정구역을 의미하는데요, 이 22담로에 왕과 가장 친한 사람을 각각 보낸 거예요. 왕이 파견한 사람들은 무령왕과 피로 맺어진 왕의 가족이었지요. 믿을 만한 사람은 가족뿐이라고 생각했나 봐요. 이때부터 백제에서는 왕의 가족인 왕족이 각자 맡은 담로에 가서 귀족을 감시하고 그들의 의견을 들으며 왕의 눈과 귀가 되어주었습니다.

무령왕이 22담로를 설치한 것은 요즘으로 치면 주요 지역에 CCTV를 설치한 것과 비슷합니다. CCTV가 있으면 마음 내키는 대로 행동하거나 난폭 운전을 하거나 그러지 못하잖아요? 덕분에 백제 귀족들은 왕과 멀리 떨어져 있다고 해서 함부로 왕의 욕을 할 수 없었답니다.

웅진은 지금의 충청남도 공주입니다. 공주에 가면 곳곳에서 백제의 문화를 엿볼 수 있지요. 무령왕과 왕비의 능인 무령왕릉도 공주에 있지요. 공주 국립 박물관과 웅진 백제 문화 역사관과 금강 고마나루에도 백제의 역사가 깃들어 있답니다.

진흥왕 순수비

진흥왕의 땅 인증샷, 신라 만세!
#내_땅_인증 #신라_투어 #맛집

여러분도 인스타그램이나 트위터, 페이스북 같은 SNS를 하고 있지요? SNS를 둘러보면 셀럽은 물론 일반인들의 다양한 활동을 구경할 수 있어요. 유명한 맛집이나 숨겨진 멋진 풍경을 발견했을 때의 기쁨을 SNS를 통해 공유합니다.

신라에도 그런 활동에 진심이었던 왕이 있었답니다. 바로 진흥왕이에요. 진흥왕은 신라의 '센' 왕입니다. 얼마나 강력한 군주였냐고요? 한강을 장악하고, 대가야를 완전히 정복했으며, 백제와 고구려의 영토도 일부 '꿀꺽'하여 신라의 영토를 이전보다 3배 이상 넓혔다고 하면 답이 되겠지요?

'영토 부자'가 된 진흥왕은 정말 기뻤습니다. 그래서 잦은 전쟁으로 지치고 힘들었을 백성들을 격려해줄 겸 3배 이상 넓어진 신라 땅을 둘러보기 위해 직접 신라 곳곳을 탐방합니다.

🔍 #신라_영토_확장 #내_땅_인증샷 #신라_만세 #교과연계+한반도의_주도권을_장악한_신라

진흥왕은 너무너무 행복했어요. 신라가 이토록 강해졌다는 것을 세상 사람들에게 널리 자랑하고 싶었지요. 요즘 같았으면 분명 엄청난 게시물을 올렸을 거예요! '#다_내땅 #여기도_내땅' 같은 해시태그를 잔뜩 붙여서요. 하지만 인스타그램이 없었잖아요? 진흥왕은 기념하고 자랑하고 싶은 땅에 비석을 만들어 세웠습니다. 이렇게 왕이 돌아다니며 세운 비석을 '순수비'라고 하는데요. 순수비巡狩碑란 '임금이 나라를 돌아다니며 세운 비석'이라는 뜻입니다. 그 비석에는 주로 다음과 같은 말들이 적혔고요.

'신라가 이렇게 강해졌어! 근데 이건 나 진흥왕이 했어!'

진흥왕이 세운 순수비는 4개입니다. 북한산비는 신라가 한강 하류로 진출했음을 선언하고, 창녕비는 대가야를 정복했다는 증거이며, 황초령비와 마운령비는 신라의 함경도 진출을 자랑할 목적으로 세운 것이지요. 순수비를 보면 당시 진흥왕 대의 신라 영토가 어디까지 확장되었는지 알 수 있습니다.

 고구려를 대표하는 비석으로 '광개토대왕릉비'가 있습니다. 광개토대왕은 고구려의 전성기를 이끌며 북쪽으로 땅을 넓힙니다. 이렇게 빛나는 업적을 자랑하고 싶었던 '장수왕'은 아버지인 광개토대왕의 업적을 가득 적은 비석을 만들어요. 이것이 '광개토대왕릉비'입니다. 광개토대왕릉비의 높이는 무려 6m가 넘는다고 해요.

사람마다 삶을 살아가는 속도는 모두 다릅니다. 그러니, '나 혼자만 너무 느린 거 아닐까?'라며 조급해하고 걱정할 필요는 없습니다. 하루하루 삶을 충실하게 살다 보면 누구에게나 자신만의 때가 올 테니까요. 역사 속에서도 자신들의 때를 기다린 나라가 있어요. 바로 신라입니다. 신라는 삼국 중에서도 가장 느리게 발전한 나라였어요. '왕'이라는 칭호도 '신라'라는 국호도 느리게 완성되었고 한강도 가장 늦게 차지합니다. 하지만 신라는 고구려를 견제하기 위해 백제와 꾸준히 외교관계를 맺었고 화랑도를 국가 제도로 정비했으며 병부를 설치하고 율령을 반포하는 등 중앙집권화를 위해 노력했지요. 결국 이들은 금관가야와 대가야를 차례로 복속시키며 영토를 확장하다 한강까지 차지하게 됩니다.

이후, 신라는 당나라와의 동맹을 맺어 삼국통일의 주인공이 되었습니다. 누군가는 신라의 통일을 외세의 힘을 빌린 불완전한 통일이라고 합니다. 하지만 신라는 백제와 고구려를 차례로 멸망시키고 한반도를 노리던 당나라와의 매소성, 기벌포 전투에서 승리하면서 삼국을 통일합니다. 만약, 신라가 삼국통일을 이루지 않았다면, 삼국이 있는 한반도의 형태가 지속되지 않았을까요?

꽃이 피는 시기는 모두 다르다고 하지요. 그러니, 당장 원하는 바를 이루지 못하다고 하더라도 너무 조급해하거나 걱정하지 마세요. 저마다 자신만의 꽃을 피우는 때는 오니까요. 가장 느리게 발전했다고 생각한 신라가 삼국을 통일한 것처럼 말이에요.

015

백제의 부흥운동
부여풍, 백제를 살려유 vs
부여융, 난 그런 거 몰라유

여러분이 졸업한 초등학교의 학생 수가 줄어서 폐교할 예정이라는 소식을 들었습니다. 여러분은 학교를 되살리기 위해 어떻게 노력할 것 같아요?

고구려와 백제는 폐교 문제와는 비교도 안 될 만큼 심각한 위기에 처합니다. 나라가 통째로 없어졌기 때문이에요. 이에 고구려와 백제는 나라 살리기 운동에 돌입하는데, 이를 '부흥운동'이라고 부릅니다. '부흥'은 쇠퇴하던 것이 다시 원래대로 일어나는 것을 의미하잖아요? 고구려와 백제 사람들은 신라와 당나라에 의해 나라가 없어지는 것을 인정하지 않고 부흥운동을 전개했는데, 그중 흥미로운 백제의 이야기를 함께 살펴보고 싶습니다.

백제의 마지막 왕이었던 의자왕은 백제가 멸망한 뒤, 자신의 셋째 아들인 부여융과 당에 끌려갑니다. 왕과 왕자가 사라진 상황에서 백제의 부흥 운동이 일어나는데요. 의자왕의 사촌 동생이었던 복신과 스님인 도침이 함께 이끄는 부흥세력이 어마어마해져서 옛 백제의 성 200여 개를 되찾아오는 성과를 냅니다. 백제 사람들은 이제 곧 옛 백제의 모습을 되찾을 수 있으리라 기대하면서 일본에 있던 의자왕의 다섯째 아들인 '부여풍'에게 백제의 왕이 되어달라고 요청합니다. 부여풍은 기쁜 마음으로 백제에 돌아와 부흥군 세력과 함께 싸우게 되는데요. 이들의 세력이 얼마나 강해졌는지 당은 막대한 손해를 입습니다. 그러자 당이 백제의 왕자 부여융을 불러 새로운 카드를 내밉니다.

"지금 백제 살린다고 시끄러운 거 알지? 그런 문제까지 신경 쓸 시간 없다고! 군대 지원해줄 테니 가서 너네 세력을 무찌르고 와!"

백제 왕족으로서 당에 끌려간 것도 서러운데 자기 백성들을 무찌르라니요! 놀랍게도 부여융은 당의 군대를 몰고 백제 부흥군 세력과 싸우기 위해 전쟁에 참여합니다. 백제의 왕자들이 각자 다른 목적을 가지고 전쟁터에서 마주하게 된 것이지요. 결과는 어떻게 되었을까요?

부여융은 백제 부흥군을 무찔렀고, 부여풍은 그대로 당에 끌려가 쓸쓸한 최후를 맞습니다. 부흥군을 무찌른 부여융은 당에서 여유롭고 호화스러운 삶을 살다가 생을 마감하고요. 부여융에겐 백제의 부흥보다 본인의 부흥이 더 우선이었나 봅니다. 전쟁터에서 만난 두 형제는 어떤 대화를 나눴을까요?

#나라_살리기_운동 #백제_왕자_부여융과_부여풍 #교과연계+백제와_고구려의_부흥운동_전개

016

도독부와 도호부

아~ 간은 육지에 두고 왔어요, 금방 가지고 올게요!

도독부와 도호부는 당이 본토에서 멀리 떨어진 지역을 관리하려고 만든 기관이에요. 고구려, 백제, 신라의 중심에 하나씩 설치했지요. 도대체 삼국에서 무슨 일이 벌어졌던 걸까요?

한강 유역을 차지한 뒤 승승장구하던 신라를 가로막는 나라가 있었으니, 바로 백제입니다. 의자왕 시대였죠. 백제의 공격으로 신라의 대야성이 무너지고, 대야성의 주인과 그 아내가 사망합니다. 그런데 죽은 여인이 바로 '김춘추'의 딸 고타소였어요. 김춘추는 딸의 죽음에 복수하고 백제의 공격을 막아내려고 했지만 혼자 힘으로는 역부족이었지요. 그는 고구려에 가서 도움을 요청했지만, 고구려는 '우리가 도와줄 테니 한강을 내놓으라'고 요구합니다. 하지만 신라는 어렵게 얻은 한강 유역을 절대 빼앗기고 싶지 않았어요. 김춘추가 이를 거절하자 고구려는 김춘추

🔍 #김춘추_1등_공신 #무열왕 #나당연합군 #백제_고구려_멸망 #교과연계_삼국을_통일한_신라

를 감옥에 가둬버립니다. 빨리 감옥을 나가야 했던 김춘추에게 감옥을 지키던 문지기가 속삭이며 이야기했습니다. "거북이! 토끼! 간! 토끼 간을 생각해요!" 거북이가 용왕님의 병을 고치기 위해 토끼를 바닷속으로 끌고 갔는데 토끼가 '아~ 간은 육지에 두고 왔어요. 금방 가지고 올게요'라고 했던 이야기 말이에요. 이야기의 의미를 파악한 김춘추는 고구려에 한강을 주겠다고 약속합니다. 단, 신라에 돌아가자마자 한강을 주겠다고 하지요.

겨우 풀려난 김춘추는 당을 찾아갑니다. 고구려를 노리고 있던 당은 좋은 기회가 왔다고 생각하여 신라의 제안을 덥석 받아들입니다. 이렇게 해서 '나당연합군'이 탄생하지요. 백제의 땅은 신라가 갖고, 고구려 땅은 당이 갖기로 계약한 것입니다.

나당연합군의 활약으로 백제와 고구려가 멸망하고, 신라가 삼국을 통일하는데요. 이때 신라가 예상하지 못했던 일이 발생합니다. 당이 백제와 고구려의 땅에 차례로 '웅진도독부' '안동도호부'를 설치하고, 이 두 나라의 땅을 당이 관리하겠다고 선포한 것입니다. 신라도 예외가 아니었어요. 신라의 수도에도 '계림도독부'를 설치하고는 신라의 왕을 계림도독부를 관리하는 사람으로 만든 거예요.

김춘추는 신라 삼국 통일의 1등 공신인데요, '진골' 귀족 출신으로는 처음으로 왕이 된 사람입니다. 신라 '무열왕'이 바로 김춘추랍니다. 이후 무열왕계의 자손들이 신라의 중대를 이끌어가며 왕권을 강화합니다. 왕에게 도전하는 진골귀족의 힘을 누르고 다시 한번 체제를 정비하여 안정적으로 나라를 이끌어갔지요.

9주 5소경
신문왕, 왕따는 안 돼!

드디어 콘서트장 공사가 끝났어요. 이를 기념하여 가수들이 콘서트를 연다네요. 아이유, BTS, 트와이스 등 유명 가수들의 출연 계획에 전국에서 팬들이 모였어요. 팬들은 좋아하는 가수별로 한 구역에 모여 함께 응원하고 싶어 했습니다. 여러분이 콘서트 기획자라면 구역을 어떤 식으로 나누겠어요?

신라는 삼국을 통일한 후 바빠지고 고민도 많아졌어요. 영토가 넓어지고 백성도 많아졌으니까요. 특히 옛 고구려, 백제의 백성들을 잘 다독여야 했죠. 나라 잃은 설움이 분노가 되지 않도록 세심하게 신경 써야 했거든요. 어떻게 하면 불평, 불만을 줄여 백성들이 만족하는 나라를 만들까, 넓은 땅을 잘 다스리려면 어떻게 해야 할까 고민하던 신문왕은 결론을 내렸습니다. 절대로 차별하지 말자고요. 일단 확장된 땅을 9등분해서 9개 주로 나눴어요. 이때 중요한 점은 어떤 사람도 차별하지 않아야 하는 것이므로 옛 고구려, 백제, 신라 땅에 각 3개의 주를 두었어요. 이는 대형

콘서트장에서 아이유 팬, BTS 팬, 트와이스 팬이 응원하는 구역을 공평하게 나눈 것과 같아요. 신문왕은 이렇게 나눈 지역에 왕의 명령을 받은 관리를 보내 각 주를 다스리게 했답니다.

신문왕에게는 또 다른 고민이 있었어요. 통일신라의 수도가 너무 한쪽으로 치우쳐 있다는 점이었죠. 당시 신라의 수도는 경주였습니다. 통일 이전의 경주는 신라의 중심이었지만 영토가 북쪽으로 확장되고 나니 경주가 더는 신라의 중심이 아닌 거예요. 수도를 옮기자고 하면 사람들이 반발할 테고 말이죠. 신문왕은 고심 끝에 작은 수도를 뜻하는 '소경小京'을 5개 만듭니다. 경주 이외에 중요한 5개 지역을 소경으로 정한 거예요. 특히 옛 고구려, 백제 땅 중 일부를 소경으로 정한 뒤 신라 귀족을 이사시켰어요. 왕이 소경에 귀족을 보내는 걸 보고 옛 고구려, 백제 사람들은 신라가 자신들을 소중하게 대해준다고 생각했습니다. 이로써 고구려, 백제의 백성이었던 사람들은 신라 사람들과 자연스럽게 어울리며 새로운 나라에 적응하게 됩니다.

현재 우리나라에도 다양한 민족이 모여 살고 있어요. 학교에도 이민가정 학생들이 늘어나고 있죠. 이 친구들이 익숙하지 않은 언어와 문화, 기후, 관습 등으로 차별받거나 소외되지 않았으면 좋겠습니다.

🔍 #차별하지_말자 #소중한_백성 #모두_신라_사람 #교과연계+새로운+제도를+마련한+통일신라

018

독서삼품과

신라에서는
문해력이 좋은 사람을 뽑겠소!

요즘 가장 인기 있는 직업 중 하나가 공무원이라고 하죠? 사람들은 공무원 시험에 합격하려고 '책'의 내용을 열심히 공부합니다. 합격자들의 후기 중에 "책에 있는 모든 내용을 외웠어요"라는 것이 특히 눈에 띄었는데요. 신라에는 주어진 책을 얼마나 많이 읽었느냐에 따라 누군가를 관리로 등용하는 제도가 있었습니다. 책만 읽으면 된다니, 너무 쉬운 것 아니냐고요? 정말 쉬웠는지 한번 보겠습니다.

신라의 원성왕은 관리를 선발하기 위한 제도로 '독서삼품과'를 만들었습니다. 당시에는 유학을 가르치는 학교인 '국학'이 있었는데요, 이 학교의 학생들은 독해 능력에 따라 관리로 선발되었습니다. 독서를 얼마나 잘했는가에 따라 상품, 중품, 하품으로 나눈 것입니다.

🔍 #신라_원성왕 #국학 #능력에_따른_선발 #3품 #유교_경전 #교과연계+통일신라_유학의_발달

읽어야 하는 책은 '유교 경전'이었습니다. 대표적인 유교 경전은 공자와 제자들이 편찬한 내용인데, 그중, 특히 어렵다고 소문난 『춘추좌씨전』『예기』『논어』『효경』을 잘 읽고 해석하는 사람이 상품上品이 되었습니다. 그다음으로 『곡례』『논어』『효경』을 잘 읽고 해석한 사람을 중품中品으로 뽑았습니다. 『곡례』와 『효경』만 읽은 사람은 하품下品이라 했고요. 그런데 단순히 책을 읽었다고 해서 관리로 뽑은 건 아닙니다. 책을 읽은 뒤, 그 내용을 제대로 이해하고 해석하는 능력이 뛰어나야 했지요. 요즘 말로 문해력이 좋아야 했답니다.

어려운 유교 경전을 읽고 제대로 해석하는 것은 워낙 고급 능력이었기에 오직 실력 있는 사람만 관직에 오를 수 있었답니다. 원래 신라는 골품제 사회였기 때문에 타고난 신분이 관직을 정했지만, 독서삼품과를 실시하면서 일반 사람들도 열심히 유교 경전을 읽고 공부하여 실력에 따라 관직에 오를 수 있게 되었습니다. 이 제도는 왕에게도 이익이었습니다. 실력이 뛰어난 사람을 정당하게 관직에 등용할 수 있었으니까요.

독서삼품과와 과거제의 비슷한 점은 개인의 능력에 따라 관리를 선발하는 제도라는 것입니다. 물론 다른 점도 있어요. 고려의 과거는 유교 경전을 묻는 시험인 문과도 있었지만, 기술관을 뽑는 잡과와 승려를 뽑는 승과도 있었습니다. 조선은 유교 경전을 묻기도 하지만, 당시 정책에 대해서 논술하는 시험도 있었고요. 그러니까 독서삼품과에서 한 층 더 발전한 것이 과거제라고 보면 좋겠네요.

019

만파식적
걱정을 해결해주는
마법 피리 이야기

피리만 불면 적들이 물러가고 휘몰아치는 태풍이 멈춘다는 이야기가 있습니다. 신라가 통일했을 무렵, '만파식적'이라는 이름을 가진 마법 피리 이야기가 사람들에게 전해지는데요, 왜 이런 이야기가 만들어졌을까요?

만파식적 이야기의 배경은 신문왕 때입니다. 신문왕을 이해하려면 우선 그의 아버지인 문무왕을 알아야 해요. 문무왕은 혼란스러웠던 삼국을 통일한 최후의 승자입니다. 많은 싸움 끝에 통일을 얻어낸 문무왕은 죽어서까지도 동해의 용이 되어 통일신라를 지키겠다며 자신의 유골을 동해에 뿌려달라는 유언을 남깁니다. 문무왕의 유언대로 장사를 지내고 왕이 된 신문왕 시기에 신기한 일이 발생합니다.

용이 된 문무왕이 동해에 등장한 거예요. 용은 신문왕에게 대

#신문왕 #아버지_문무왕 #혼란_파도야_쉬어라 #교과연계_통일신라가_마련한_새로운_제도

나무를 건네준 뒤 이를 활용해 피리를 만들라고 이야기합니다. 신문왕이 용의 말대로 피리를 만들어 불자 놀라운 일이 발생합니다. 피리를 불면 신라를 공격하려고 했던 적이 도망갔고 거센 태풍이 잠잠해졌으며 가뭄이 들면 비가 내렸어요. 신문왕은 이처럼 신기한 피리의 이름을 '만개의 파도를 쉬게 하는 피리'라는 의미로서 만파식적이라고 불렀어요. 파도는 힘들고 어려운 고난을 상징하죠. 고난의 상황에 닥쳤을 때 피리를 불어 힘든 일을 해결한다는 의미랍니다.

지금까지도 만파식적 설화는 우리에게 전해지고 있습니다. 그런데 실제로 피리만 불면 모든 문제가 해결되었을까요? 사실 만파식적 설화에는 숨겨진 뜻이 있답니다. 신문왕조는 신라가 통일하고 얼마 되지 않아 혼란스러운 시기였어요. 따라서 통일 이후 힘들어진 백성들의 마음을 위로하고 더는 전쟁이 발생하지 않는 나라의 안정을 바라며 만파식적 설화를 만든 것이지요.

신문왕은 파격적인 경제개혁도 시행합니다. 통일신라 관료들은 일한 국가로부터 '녹읍'을 받았어요. 녹읍은 땅 자체를 받은 것이 아니라 땅에서 세금을 걷을 수 있는 권리를 준 것이에요. 즉, 유리가 철수네 땅을 녹읍으로 받았다면 철수는 유리에게 토지세를 준 것이지요. 그런데 녹읍은 토지세뿐만 아니라 노동력까지 징발할 수 있었어요. 귀족들은 마음대로 노동력을 징발하여 자신들의 개인 병사로 사용했답니다. 이러한 제도가 마음에 들지 않았던 신문왕은 녹읍을 폐지하고 관료전을 지급해요. 관료전이란 관료가 토지세만 걷을 수 있게 한 토지입니다. 즉, 노동력은 징발하지 못하게 하여 귀족의 힘을 약화시키고 왕의 힘을 강화했답니다.

호족

왕은 아닙니다만…
백성을 지키고 지방을 다스리죠

옛날에는 나라든 개인이든 힘의 기준을 '땅'에 두었습니다. 영토를 많이 가진 나라는 강자였고, 개인의 경우엔 특히 논을 많이 가진 자가 어깨를 거들먹거릴 수 있었습니다. 현대라고 해서 크게 다르진 않지만요.

통일신라에도 어마어마한 땅을 무기 삼아 큰소리치던 세력이 있었습니다. 이들은 지방에 터전을 잡고 드넓은 땅과 돈을 밑천으로 개인 군대까지 운영하며 세력을 키웠습니다. 바로 호족입니다.

조금 이상하지요? 개인을 위한 사병을 두었는데도 나라에서 가만히 있었다니요? 사극을 보면 보통 '사병=역모'로 생각하던데 말입니다. 하지만 통일신라에선 가만히 두었습니다. 당시 통일신라는 망하기 일보 직전이었어요. 진골 귀족들은 서로 왕이 되겠다고 으르렁거리며 백성들은 안중에도 없었습니다. 돌보기

#땅 #영토 #강자 #개인_군대 #농민의_대항 #새로운_나라 #교과연계+호족의_성장

는커녕 백성들한테서 세금을 더 많이 뜯어냈어요.

'지렁이도 밟으면 꿈틀한다'고 했지요? 농민들은 더는 참지 못하고 무능력한 왕과 귀족들에게 대항하기 시작합니다. 상황이 이처럼 혼란스럽다 보니 왕도 귀족도 하루가 다르게 세력을 키워 가는 호족을 보고도 아무런 대안을 내놓지 못했습니다.

그러자 호족들은 '우리가 나서서 나라를 확 바꿔버릴까?'라고 생각하면서 자신이 맡은 지방을 직접 다스리기 시작했어요. 자체적으로 세금도 걷고 군대도 키우면서 지방을 작은 나라처럼 만들었습니다. 세계사에 등장하는 중세유럽의 영주들처럼요. 그래서인지 호족에겐 별명이 참 많았어요. '성주' '장군', 심지어는

'왕'이라고도 불렸답니다.

어느 정도 세력을 갖춘 뒤 호족들은 신라에 불만을 가진 세력을 모아서 새로운 나라를 세우기로 합니다. 이렇듯 각 지방에 있는 호족들이 힘을 합쳐 세운 나라가 '고려'입니다. 고려를 세운 사람은 왕건인데, 그 역시 개성 출신의 호족이었습니다. 왕건은 나라의 기반을 튼튼히 하기 위해 호족들의 마음을 하나로 통합하고 오랜 전쟁에 지친 백성의 마음을 달래기 위해 여러 방법을 고민했습니다.

그중 특이하고도 재미있는 전략이 바로 이 호족 저 호족의 딸과 혼인하여 모든 호족을 사돈으로 묶는 작전이었는데요. 왕건의 전략은 과연 성공을 거두었을까요?

 고려를 세운 왕건과 후백제를 세운 견훤, 바다의 왕자 장보고. 이 세 인물에게는 공통점이 있답니다. 무엇일까요? 바로 호족 출신이라는 점이에요. 왕건뿐만 아니라 견훤과 장보고도 호족 출신입니다.

장보고

바다의 왕자,
해적들의 저승사자!

'바다의 왕자' 하면 떠오르는 사람이 있죠? 뭐니 뭐니 해도 우리에게 원조 바다의 왕자는 '장보고'입니다.

신라 시대의 사람인 장보고는 무술 실력이 뛰어나고 똑똑했지만 신분이 낮았어요. 엄격한 신분제도 때문에 푸른 꿈을 펼치지 못했던 장보고는 당으로 떠납니다. 요즘도 지금과 다른 방식으로 살아가길 꿈꾸며 이민을 떠나는 사람들이 있는 것처럼요.

장보고는 당에서 자신의 무술 실력을 인정받아 군인으로 활약합니다. 하지만 그는 다시 신라로 돌아옵니다. 해적한테 잡힌 신라인들이 당에 노예로 팔려 오는 장면을 목격했기 때문이에요. 장보고는 신라왕을 찾아가 패기 있게 말합니다. "제게 군대를 주시면 바다에서 설치는 해적놈들! 모조리 잡겠습니다!"

이를 계기로 장보고는 완도에 청해진이라는 군사기지를 설치하고 신라인을 괴롭히는 해적을 싹 물리치지요. 이후 장보고는 청해진에서 당과 일본, 신라를 중간에서 이어주는 무역까지 주도

했습니다. 각 나라의 특산품을 사들인 다음 이를 다른 나라에 팔아 큰 이익을 남겼지요. 막강한 군사력과 부를 얻게 된 장보고는 이제 지방의 대토지를 소유한 호족으로 성장합니다. 하지만 사람들이 그를 가만두지 않았죠.

김우징은 자신을 왕이 되게 해주면 본인의 아들과 장보고의 딸을 결혼시켜주겠다고 꼬드깁니다. 신분이 낮아서 늘 고민했던 장보고는 힘을 사용해 김우징을 왕으로 만듭니다. 바로 신라의 45대 신무왕이죠. 그러나 김우징은 왕이 된 뒤에 장보고와의 약속을 지키지 못해요.

분노한 장보고는 난을 일으킵니다. 하지만 귀족들은 비밀리에 장보고의 부하였던 '염장'을 설득해 살해 지시를 내린 터였죠. 이를 모른 채 장보고는 자신의 부하인 염장과 술을 마시다가 염장이 휘두른 칼에 죽고 말았답니다. 우리가 쓰는 말 중에 '염장 지르네'라는 말이 있지요? 상대방이 나를 화나게 할 때 종종 사용하는 말인데, 그 어원이 '염장이 칼을 내지르는 상황'을 빗댄 것이라는 흥미로운 의견도 있답니다.

🔍 #땅 #영토 #강지 #개인_군대 #농민의_대항 #새로운_나라 #교과연계+호족의_성장

사심관 제도
왕으로 만들어준 건 고맙지만, 기어오르는 건 안 돼!

어떤 단체에서든, 규모가 크건 작건, 리더 역할을 맡는 사람에겐 고민이 많습니다. 막 고려의 왕이 된 '태조'도 마찬가지였어요. 혼자의 힘으로 왕이 된 것이 아니라 각 지방에서 강력한 힘을 가진 '호족'의 지지를 받아서 왕이 되었기 때문입니다. 따라서 태조의 첫 번째 과제는 호족에게 적당한 보상을 주면서 동시에 호족의 힘을 누르는 것이었습니다. 이에 태조는 '사심관 제도'를 시행합니다.

호족에게 사심관이란 관직을 주고 지방을 살피게 한 거예요. 자신의 영향력이 큰 지방을 전문적으로 맡아서 관리하라는 뜻이었지요. 호족의 힘을 누르겠다면서 이렇게 근사한 관직을 주면 어떡하냐고요?

표면적으로는 호족에게 사심관이라는 관직을 주어 '너희 지

🔍 #고려 #태조 #호족_견제 #당근과_채찍 #기인제도 #교과연계+나라의_기틀을_마련한_고려

방 잘 다스려!'라고 했지만, 속사정은 조금 달랐어요. 자기 지역을 도맡아 관리한다는 것은 무슨 문제가 생기든, 즉 좋은 일이든 나쁜 일이든, 해당 사심관이 책임을 지라는 뜻이었거든요. 교실에서 친구들이 떠들면 회장이 불려가 대표로 혼나는 상황과 비슷하지요. 즉 태조가 호족에게 좋은 관직을 선물한 것처럼 보이지만 실은 지방에서 문제가 생기지 않도록 견제하고 감시한 거예요.

그뿐만 아닙니다. 태조는 호족의 자식을 고려의 수도에서 일하게 했어요. 여기에도 속셈은 따로 있었습니다. 청년일자리 지원정책 차원이 아니라 호족의 자식을 인질로 삼은 것이었으니까요. 자기 자식이 왕 옆에서 일하고 있는데 어떤 호족이 왕을 거역하겠어요? 이렇게 호족의 자식을 인질로 삼은 제도를 '기인 제도'라고 합니다.

태조의 아내는 29명이었습니다. 초창기 고려는 '호족'의 힘이 가장 센 나라였어요. 각 지방의 실세인 호족과 끈끈한 사이가 되려면 태조는 호족과 가족이 되어야 했습니다. 그래서 권세 있는 호족의 딸과 결혼하다 보니 아내가 29명이나 되었던 거죠.

향·부곡·소
맞아, 우리는 지금 차별받는 거야

여러분이 다니는 학교에는 '특별한 반'이 하나 있습니다. 그 반 아이들은 언제나 급식을 맨 나중에 먹어요. 소문에 따르면 숙제도 다른 반보다 많고, 항상 교무실과 강당 청소를 해야 한대요. 게다가 그 반에는 아이들을 보호하고 권리를 지켜줄 담임교사도 없다고 합니다.

고려에 이와 비슷한 경우가 있었습니다. '향, 부곡, 소'라는 이름을 가진 특수 행정구역인데요. '향, 부곡, 소'에 사는 주민들은 천민이 아니었지만, 일반 사람들에 비해 엄청난 차별을 받았습니다. '향'과 '부곡'에 사는 사람들은 일반인과 똑같이 농사를 짓고도 세금은 훨씬 더 많이 내야 했고, 나라에서 지정해주는 다른 일까지 더 해야 했답니다. '소'에 사는 사람들도 마찬가지였어요. '소'에 거주하는 사람들은 나라에서 요구하는 특별한 물건들

#특수행정구역 #불평등 #망이_망소이의_난 #차별 #교과연계+고려의_지방통치체제_정비

을 만들어야 했습니다. 종이, 도자기, 차, 금, 은 같은 것인데요. 이 것들을 만들어서 나라에 바치고, 그것도 모자라 세금도 많이 냈습니다. 그런데도 향, 부곡, 소엔 주민들을 보호해주는 관리가 없었어요. 앞에서 예로 든 특별반에 담임교사가 없는 것처럼요. 억울한 일은 또 있습니다. '향, 부곡, 소'의 주민들은 공부도 할 수 없었고, 자연스레 과거시험도 치를 수 없었습니다. 다른 지역으로 이동하는 것조차 금지되었지요.

이제 사람들은 '더는 참을 수 없다'면서 나라에 맞서기로 합니다. 대표적인 것이 공주의 명학소에서 일어난 '망이, 망소이의 난'인데요. 명학소에 살고 있던 '망이'가 동생 '망소이'와 함께 난을 일으킨 거예요. 깜짝 놀란 조정에서는 "차별하지 않기로 약속하겠다"라고 하면서 화해의 손길을 내밉니다. 그러고는 안심한 명학소 사람들의 뒤통수를 칩니다. 난에 가담했던 사람들과 그의 가족을 모두 잡아들인 것이지요. 망이 망소이의 난은 성공을 거두지 못했습니다. 하지만 전국의 사람들에게 '맞아, 우리는 지금 차별받는 거야'라는 생각을 심어주었고, 그 뒤로 부당한 대우와 신분 차별에 대항하는 운동이 여기저기서 발생합니다.

향, 부곡, 소에 살던 사람들은 고려에 밉보인 사람들이 많았어요. 대표적으로는 고려와의 전쟁에 패배했던 나라의 사람들, 고려 왕에게 반항했던 사람들, 죄를 짓고 쫓겨난 사람들입니다.

024

수조권

이 땅에서 세금 걷어다가
너 월급으로 가져

우리 선조들은 급여를 어떻게 받았을까요? 급여체계는 월급제였을까요, 연봉제였을까요? 우리 할머니 할아버지처럼 종이봉투에 넣은 급여를 받았을까요, 요즘처럼 계좌이체로 받았을까요?

신라에서는 관리에게 '관료전'을 지급했습니다. 이 개념을 이해하려면 딱 두 가지만 기억하면 됩니다.

첫째. '모든 농민은 세금을 냈다.' 이것은 지금과 같습니다. 물건을 사거나 어떤 일을 하고 돈을 받으면 나라에 세금을 내잖아요? 신라에서도 농민들은 농사가 끝나면 일정한 비율의 곡식을 나라에 세금으로 냈어요.

둘째. 관리는 '토지에서 세금을 거둘 수 있는 권리를 (나라에서) 받았다.' 관리가 일한 대가로 '유미'라는 농민의 토지를 받았다고 해봅시다. 포인트는 '토지 자체'를 받은 게 아니라 그 토지

#토지_네_거_아니야 #세금만_가져 #세금을_거둘_수_있는_권리 #교과연계+수조권_지급

에서 '세금'을 거둘 수 있는 권리를 받은 것입니다. 원래 유미는 자기 땅을 일궈서 소득을 얻고, 나라에 일정한 세금을 냈습니다. 그런데 유미의 토지를 관리에게 관료전으로 지급했다는 것은 유미가 토지세금을 나라에 내는 것이 아니라 해당 관리에게 주었다는 뜻이에요.

왜 이렇게 했을까요? 나라에서 백성들로부터 세금을 다 거둬 이것을 나눈 다눈 다음 관리에게 주면 될 텐데요. 관리체계가 야물지 못했던 고대국가에서는 이를 매우 번거롭다고 여겼어요. 그래서 관리에게 "저 땅 주인이 바치는 세금을 그대의 월급이라 생각하오"라고 정해준 것입니다.

이때 절대로 헷갈리지 말아야 할 점이 있습니다. 관리들은 '땅 자체'를 받은 것이 아니라 땅에서 '세금을 거둘 수 있는 권리'를 받은 것입니다.

나라를 운영하는 데는 정말 많은 돈이 들어갑니다. 어두운 저녁 거리를 비춰주는 가로등, 반짝거리는 신호등, 경찰, 소방관 등 우리가 생활하는 데 꼭 필요한 것을 나라가 제공해주니까요. 그럼 당연히 많은 돈이 들어가겠지요. 바로 이때, 세금이 사용된답니다.

025

문벌귀족

외할아버지인가 장인인가, 그것이 문제로다

여기 심각한 표정의 남자가 있습니다. 그의 고민을 들어볼까요?

"제 고민은 어제 분명 외할아버지였던 사람이 오늘 갑자기 제 장인어른이 되었다는 거예요. 그러니까 어제까지는 분명 이모였던 사람이 오늘은 제 아내가 되었다는 거죠."

어떻게 이런 일이 가능하냐고요? 놀랍게도 실화입니다. 고려 시대, 문벌귀족이 정치 권력을 장악했을 때 발생한 일이에요. 문 벌귀족은 고려 초반에 어마어마한 힘을 가졌던 세력입니다. 호족들이 힘을 모아 고려를 건국한 뒤 일부 호족은 중앙으로 진출해 본격적으로 고려 정치를 도맡아 했잖아요? 바로 이들을 '문벌귀족'이라고 부르는데요. '외할아버지인가 장인인가, 그것이 문제로다' 하는 고민을 제공한 주인공은 이들 문벌귀족의 힘이 하늘을 찌르던 시기에 권력의 최고봉에 있던 '이자겸'입니다.

이자겸은 자신의 둘째 딸을 고려 왕인 '예종'과 결혼시켜요 (예종의 장인이 된 것이지요). 이후, 예종과 이자겸의 딸 사이에 아들이 탄생합니다(이자겸한테는 손자입니다). 이 손자가 무럭무럭 자라 고려의 왕인 인종이 됩니다(인종과 이자겸은 손자와 할아버지 관계예요). 그런데 이자겸이 자신의 셋째딸과 넷째딸을 인종과 결혼시킵니다. 이로써 인종은 이모와 결혼하고, 외할아버지를 장인이라고 부르게 되었습니다. 이제 고려에서 이자겸보다 더 힘이 강한 사람은 없습니다.

하지만 정말로 영원한 것은 없나 봅니다. 이자겸의 독재를 더는 참고 봐줄 수 없었던 인종은 이자겸을 제거할 계획을 세우고 실행에 옮깁니다. 이자겸은 "손자이자 사위인 네놈이 감히 내게?"라면서 반발했죠. 그러나 승리는 인종의 몫이 됩니다. 결국 이자겸은 몰락하고, 하늘 같던 문벌귀족의 힘도 점차 약해지면서 분열되지요.

#고려 #이자겸 #예종과_인종 #외할아버지_아니고_장인어른 #교과연계+문벌귀족사회_위기

노비안검법
"저는 원래 노비가 아니라고요!"
광종, 노비들의 신분을 찾아주다!

기세등등, 힘과 권력을 자랑하던 고려 지배층의 버킷리스트 중에
는 '노비 수 늘리기'가 있었습니다. 신분이 나누어졌던 사회에서
노비는 '사람'이라기보다 '물건'으로 취급되었거든요. 소나 말처
럼 시장에서 사고팔았고요. 가축을 많이 가진 사람이 부자인 것
처럼 노비가 많으면 재력가가 될 수 있었어요.

　　고려 초기를 주름잡던 호족에겐 남보다 더 많이 노비를 사들
이는 것이 아주 중요한 일이었습니다. 노비는 호족의 재산이자
개인 경호원이 되기도 했습니다. 호족들은 노비를 아주 철저하
게 이용했어요. 넓은 땅을 일구어 농사를 짓게 했지만 정당한 대
가를 주지 않았습니다. 군사훈련도 열심히 시켰지만 그건 나라를
위한 게 아니라 자기 주인인 호족을 위한 것이었어요. 그러다 보
니 호족들은 노비가 아닌 양인들까지 불법적으로 잡아들여 노비
로 만들곤 했습니다.

　　그런데 왕의 입장에서는 노비가 많다는 게 절대 반가운 일이

아니었어요. 노비는 사람으로 여기지 않았으므로 노비가 많다는 것은 곧 나라에 세금을 낼 사람과 군대에 갈 사람이 줄었다는 뜻이었습니다. 게다가 노비들이 호족 개인의 병사가 되면 왕을 위협할 수도 있잖아요?

이에 고려의 4대 왕 광종은 노비를 양인으로 바꾸는 이벤트를 실시합니다. 바로 '노비안검법'이에요. 노비안검법은 억울하게 노비가 된 사람들을 조사해서 원래의 신분으로 되돌려주는 법이었습니다. 억울하게 노비가 된 자들을 양인으로 만드는 거죠.

호족들 입장에서는 자기 '재산'이 사라진 셈인데, 이는 곧 호족의 세력 약화로 이어졌습니다. 나라에서는 양인이 많아지니 세금 낼 사람도 늘고 군대에 갈 사람이 많아져서 좋았지만요. 눈엣가시처럼 거슬렸던 호족의 경제력과 군사력을 한 방에 정리한 거죠. 광종은 이렇듯 호족의 세력을 차근차근 약화했는데요. 그중, 노비안검법은 호족을 향한 광종의 첫 경고였습니다.

Q　#노비 #물건_취급 #호족 #광종 #억울한_노비들 #호족_약화 #교과연계+고려의_왕권_강화

시무28조
지금 당장 시급하게 처리해야 할 28가지 일

'끼리끼리 논다'는 말이 있지요? 한자어로는 유유상종類類相從이라고 합니다. 성향이나 조건이 비슷한 사람들끼리 뭉쳐서 지낸다는 뜻인데, 좋은 사람 곁에는 좋은 사람이, 나쁜 사람 곁에는 나쁜 사람이 모이게 마련입니다.

고려의 통치체제를 정리한 성스러운 왕인 '성종' 곁에는 최승로라는 신하가 있었습니다. 최승로는 어렸을 때부터 '영재발굴단'에 나가도 될 정도로 똑똑한 사람이었어요. 12살에 태조 앞에서 「논어」를 달달 외워 보일 만큼요. 지금으로 치면 초등학교 5학년 학생이 고등학교 교과서 내용을 달달 외운 것이나 마찬가지입니다. 떡잎부터 남달랐던 그는 왕이 되자 자신의 능력을 맘껏 펼치기 시작합니다.

'지금 해야 할 일이 무엇일까?' 고민하던 성종은 신하들에게

🔍 #노비 #물건_취급 #호족 #광종 #억울한_노비들 #호족_악화 #교과연계+고려의_왕권_강화

"강하고 건강한 나라를 만들기 위해서 지금 해야 할 일이란 무엇인가!"라는 주제를 내리면서 시정 계획을 세워보라고 했습니다. 왕은 최승로가 올린 '시무28조'에 꽂힙니다. '시무始務'가 '지금 해야 하는 일'이란 뜻이니까 '시무28조'란 '지금 해야 하는 일 28가지'라는 것이었지요.

시무28조의 핵심은 '유교'의 정신으로 나라를 다스리자는 것이었습니다. 핵심은 '충성, 효도, 예의'였어요. 우리 눈에는 매우 고리타분해 보이지만 당시 사람들에겐 이 덕목들이 매우 중요했습니다. 흔히 민주주의와 자유주의의 모범으로 보는 서양에도 '로열티(충성심)'를 최고의 덕목으로 치던 시절이 있었답니다. 한 시대를 대표하는 가치, 혹은 시대정신이란 이렇듯 달라지게 마련이지요.

최승로는 정치를 올바르게 하고 백성을 품어 안으려면 임금 스스로 모범을 보여야 한다고 생각했어요. 그래서 시무28조 같은 상소문을 올리게 된 것인데요. 신하가 왕에게 진심으로 충성하면 왕도 신하에게 '예의'를 갖추며 서로 배려하는 사이가 됩니다.

또, 왕과 신하는 백성들에게 '예의'를 갖춰 대하고 백성들은 왕을 부모라고 생각하며 '효도'하게 됩니다. 이렇게 유교를 통해 나라를 다스리면 왕, 신하, 백성 모두가 조화롭게 서로를 존중하는 나라로 성장할 수 있다고 믿은 것입니다.

한편 시무28조는 과도한 사치와 낭비를 문제 삼았습니다. 이런 태도는 백성에게 예의 바른 것이 아니잖아요? 또, 각 지방에 관리를 파견하여 관리가 왕에게 충성을 다하며 왕의 명령대로 지방을 다스리도록 했고, 북쪽에 사는 다른 나라의 공격에 대비하기 위해 강력한 방어책을 준비해야 한다고 주장했습니다.

나라를 위해서 진심으로 의견을 냈던 최승로와 이를 적극적으로 수용했던 성종이 있었기에 고려는 초반의 혼란을 이겨내고 안정적인 나라로 성장할 수 있었습니다.

역사 속에서 왕 곁에 어떤 신하가 있었는지 알아보면 당시 사회의 모습을 짐작할 수 있어요. 좋은 사람 곁에는 좋은 사람들이 함께하니까요.

고려의 최승로 이전에, 통일신라에는 '최치원'이 있었어요. 최치원은 6두품 출신으로 12살에 홀로 당나라에 유학을 가서 18살에 외국인을 대상으로 실시한 빈공과에 합격합니다. 당나라에서 떵떵거리며 살 수 있던 최치원은 신라의 혼란스러운 상황을 알고 돌아와서 진성여왕에게 망가져가는 신라를 다시 고칠 수 있는 방법인 시무 10조를 올리지요. 하지만, 시무10조는 받아들여지지 않아요. 만약 진성여왕이 최치원의 시무10조를 받아들였다면, 역사는 바뀌었을까요?

별무반
특별 무술반이
나라를 구할 거야

고려 사람들은 한동안 여진족을 무시했습니다. 원래 여진은 고려의 북쪽에 살던 민족으로 고려를 부모의 나라라고 섬기면서 주기적으로 선물까지 바치던 사람들입니다. 고려는 그럴 때마다 어깨에 힘을 주고서 여진을 살펴주었고요. 그런데 여진의 세력이 점점 강해지더니 어느새인가 고려의 백성을 야금야금 괴롭히기 시작합니다. 국경 지역과 천리장성 근처로 내려와 고려인들과 충돌하곤 했습니다. 사실을 알게 된 고려의 왕은 당장 여진을 혼쭐내주라고 명령합니다. 이에 고려 군사들은 '여진쯤이야!' 하고 싸움을 시작했지만, 오히려 고려가 군사의 절반을 잃는 등 여진과 싸움에서 대패하지요. 옛날의 여진이 아니었던 겁니다.

고려는 에이스 '윤관' 장군을 보내 여진을 정벌하려고 했습니다만, 이 싸움에서도 고려가 패배합니다. 그런데 여기서 윤관

#윤관 #말을_타고_싸우자 #특별한_무술_배우기 #교과연계+고려의_여진_정벌과_동북_9성

장군은 '고려가 패배할 수밖에 없던 이유'를 명확히 알게 되지요. 고려의 군사들은 주로 걷거나 뛰면서 싸우는 '보병'이었어요. 그런데 여진의 군사들은 빠른 말을 타고 싸우는 '기마병'이었습니다. 말을 타고 빠르게 공격하는 여진을 걷고 뛰면서 쫓아가거나 달아나는 건 사실 게임이 되지 않는 상황입니다. 윤관은 고려에도 말을 타는 군사들이 있어야 한다고 판단하고, 특별한 무술을 배우는 반을 구성합니다. 이렇게 해서 '별무반'이 탄생하지요.

별무반은 크게 셋으로 나뉘었습니다. 말을 타고 싸우는 '신기군', 걸어 다니며 싸우는 '신보군', 승려로 구성된 '항마군'이에요. 살생을 금지하는 승려가 군인이 되었다니, 신기하지요?

별무반은 20세 이상이면 신분에 상관없이 누구나 입대했어요. 농민과 상인은 물론 양반과 노비도 별무반의 입대 대상이었죠. 고려는 여진 정벌을 위한 별무반 편성에 진심이었나 봅니다. 이렇게 준비한 별무반을 이끌고 고려는 다시 여진족과 전쟁을 벌였습니다. 결과는 고려의 대승이었어요. 이후, 고려는 여진이 살고 있던 동쪽과 북쪽의 지방을 차지해 9개의 성을 쌓았고 이를 '동북 9성'이라고 합니다. 동북 9성을 세우면서 "이 땅도 이제 고려 땅이야! 여진, 앞으로 까불지 마!" 하고 으름장을 놓은 거예요.

 아쉽게도 지금은 동북 9성이 존재하지 않습니다. 여진은 동북 9성의 땅을 돌려달라며 고려의 백성을 죽이기도 하는 등 고려를 괴롭혔거든요. 그 뒤로 여진은 '고려를 침입하지 않는다'는 조건으로 동북 9성을 돌려받습니다.

천리장성

만리장성 아니고 천리장성!
우리에겐 천리장성이 있었다

'중국' 하면 가장 먼저 만리장성이 떠오릅니다. 인류 최대의 토목공사라고 불리는 이 거대한 성벽은 자그마치 그 길이가 총 5,000~6,000킬로미터이고, 만드는 데 들어간 시간은 거의 1천 년이라고 합니다.

우리나라에도 만리장성 못지않은 거대한 성벽인 '천리장성'이 있었습니다. 천 리의 '리里'는 거리의 단위예요. 1리가 약 392미터니까, 1000리는 392킬로미터, 우리 선조들이 392킬로미터나 되는 긴 성벽을 세웠다는 뜻입니다. 그런데 천리장성에 가본 사람은 아무도 없습니다. 천리장성은 대체 어디에 있고, 누가, 왜 만들었을까요?

고려왕조는 500년 동안 지긋지긋할 만큼 다른 민족의 침입에 시달렸습니다. 고려를 괴롭혔던 거란족과 여진족은 한반도 북쪽

#고려 #거란_여진_북방민족의_침입 #강감찬 #화해와_방어 #교과연계+거란의_침략을_물리치다

지방에 살고 있었기에 흔히 '북방민족'이라고 불렸습니다. 이들이 바로 우리나라를 자주 침략한 주범입니다. 그중 거란은 고려를 크게 3번 쳐들어왔습니다. 마지막 전투인 귀주대첩에서 강감찬이 거란을 몰아낸 뒤, 고려는 거란과 화해합니다. 하지만 조심해서 나쁠 게 없죠. 고려는 북쪽에서 출몰하는 이민족의 침입을 막고자 국경인 압록강 하구에서부터 동해안에 이르는 지역에 커다랗고 긴 성을 쌓았습니다. 이것이 바로 천리장성입니다.

천리장성을 쌓는 공사는 무려 12년이나 진행됩니다. 매우 오랜 시간이 걸렸지만, 천리장성 덕분에 이후로는 북방 민족의 침입에 대비할 수 있었어요.

아쉽게도 지금은 천리장성의 모습을 실제로 볼 수 없습니다. 하지만 언젠가는 천리장성의 흔적을 찾아 떠나는 여행을 할 수 있지 않을까요?

천리장성은 고구려에서 만든 것과 고려에서 만든 것이 있습니다. 고구려가 만든 천리장성은 당의 침입에 대비해서 만들었고, 고려의 천리장성은 북방 민족의 침입에 대비해서 만들었어요. 고구려의 천리장성은 현재 중국 랴오허강 일대에, 고려가 만든 천리장성은 한반도 내에 있으리라 추정합니다.

무신정변
지금 내 뺨 때린 거야?
문신, 너 가만두지 않겠어

고려 시대에는 직업으로 차별받고 먹는 것으로도 차별당했던 서러운 사람들이 있었습니다. 직업으로 계층을 구분하는 것도 마음 아픈 일인데 먹는 것까지 차별당하다니, 정말 억울했을 겁니다.

고려에는 학문을 갈고닦아 관리가 된 문신과 무술 실력을 쌓아 관리가 된 무신이 있었습니다. 그런데 고려는 문신을 너무 좋아한 나머지 무신을 차별했어요. 예를 들어 무신은 아무리 능력이 좋아도 승진하는 데 한계가 있었습니다. 실제로 군대의 최고 지휘관 역할을 했던 강감찬, 윤관도 문신이었답니다. 뿐만 아니었어요. 군인들은 월급도 제대로 받지 못했지요. 똑같이 나라를 위해 일하는데 무신들만 계속해서 차별하니 서럽고 억울한 마음이 쌓여갑니다.

이때, 불난 집에 부채질하는 사건이 발생했어요. 당시 왕이었던 의종은 문신들과 함께 매일 화려한 파티를 즐겼습니다. 무신은 파티장에서도 밥을 마음 편히 먹기는커녕 왕과 문신의 경호를

맡아야 했답니다. 가뜩이나 짜증이 나는데, 하필 의종이 무신들에게 '오병수박희'를 시킨 거예요. 오병수박희는 지금으로 치면 이종격투기 같은 스포츠입니다.

오병수박희에서 나이 많은 무신이었던 '이소응'이 젊은 장수와의 시합에서 지고 말아요. 그런데 갑자기 경기를 구경하던 새파랗게 젊은 문신이 튀어나와 이소응의 뺨을 때리는 것이 아니겠어요? 이 장면을 본 무신들은 큰 충격에 빠집니다. 아무리 문신이 대우받는 세상이라지만, 관직도 더 낮고 어린 사람이 감히 어르신을 무신이라고 무시하다뇨?

무신들은 더는 참지 않습니다. 비합법적인 방법을 써서라도 정치를 변화시켜야 한다고 마음을 모읍니다. 이렇게 하여 무신정변이 발생하고, 무신은 문신들을 몰아내고 권력을 잡게 되지요. 그리고 이로부터 약 100년간 무신들의 시대가 이어집니다.

#차별의_서러움 #무신_차별 #의종 #오병수박희 #귀족사회_모순 #교과연계+고려_무신정변

031

삼별초
3개의 특수 부대,
세계 최강 몽골에 저항하다

고려에는 백성의 안전을 지키고 도둑을 단속하는 '야별초'가 있었습니다. 이들은 수도뿐 아니라 전 지역에서 치안을 담당했는데요. 남의 물건을 훔치는 진짜 도둑질이 일어나는 것도 감시했지만, 무신정권의 대장 격인 최씨 일가에 반항하는 세력이 있나 살피는 임무도 띠고 있었습니다. 최씨 정권의 권력을 지키고 강화하려는 목적에서 조직된 군대 같죠?

그런데 사회가 혼란스러워지면서 민란이 늘자 최씨 정권은 야별초 병력을 늘려 좌별초와 우별초로 나눕니다. 여기에 몽고에 포로로 잡혀갔다가 탈출한 사람들로 구성된 신의군을 더해져 삼별초라고 부르게 되었습니다. 삼별초란 '특별히 선택한 3개의 군대'라는 의미지요.

삼별초는 무신인 최씨가문이 정권을 장악했을 때 만들어졌다고 했지요? 즉 삼별초는 최씨 정권의 개인적인 병사 느낌이 강했어요. 하지만 특별히 선택해서 만든 군대라서 그런지 정규군보다 더한 아주 강력한 힘을 가졌답니다. 삼별초는 특히 몽골이 고려를 공격했을 때 크게 활약했죠. 그럼에도 최씨 무신정권은 결국 몽골군에 패하여 무너집니다. 하지만 삼별초는 끝까지 몽골에 대항하여 싸웠습니다. 몽골의 입장에서는 삼별초가 정말 눈엣가시였지요. 이에 몽골은 삼별초의 해산을 요구하지만, 삼별초는 굴복하지 않고 약 3년 동안 몽골에 맞섰습니다.

삼별초의 몽골 항쟁에 대한 평가는 대개 두 종류로 나뉘어요. 일부는 삼별초가 몽골에 대항하여 고려를 끝까지 지키려고 했다고 주장합니다. 또 다른 측에서는 무신정권이 무너지자 그들의 군대나 다름없었던 삼별초 역시 자신들이 그동안 누렸던 모든 것을 잃게 될까 봐 대항한 것이라고 주장하지요. 역사의 진실은 알 길이 없습니다.

Q   #야별초 #좌별초_우별초_신의군 #최씨_정권_장악 #교과연계+몽골에_끝까지_대항한_삼별초

032

팔만대장경

부처님!
제발 우리 고려를 도와주세요

고려 사람들은 몽골의 침입으로 나라가 어려움에 빠지자 부처의 말씀을 모아 책으로 만듭니다. 부처에게 정성껏 기도하는 마음으로요. 그들에겐 거란의 침략을 받았을 때도 『대장경목판』을 만들어 국난을 극복했던 경험이 있는데요. 이때 부처의 힘으로 어려움을 이겨냈다고 믿은 것입니다. 그러니 몽골의 침입도 『대장경』을 만들어 물리칠 수 있다고 생각한 거죠.

『대장경』은 불교의 교리를 모아놓은 책입니다. 석가모니의 설교, 교리, 제자들의 말까지 모두 실려 있습니다. 기독교의 『성경』이나 이슬람교의 『꾸란』 같은 것입니다. 『팔만대장경』은 이런 말씀을 모은 경판의 수가 8만 개가 넘는다는 뜻이고요.

이런 놀라운 책을 어떻게 만들었을까요? 당시 고려 사람들은 잘 다듬은 나무에 글을 새겨 인쇄하는 '목판인쇄술'을 활용했

#아별초 #좌별초_우별초_신의군 #최씨_정권_장악 #교과연계+몽골에_끝까지_대항한_삼별초

습니다. 그러니까 부처의 말씀을 새긴 아주 커다란 도장을 8만 개 만들어서 이것을 일일이 종이에 찍었다고 생각하면 됩니다.

그런데 그 과정이 정말 만만하지 않았다고 합니다. 나무를 고르는 일부터 쉽지 않았죠. 우선 적당히 단단한 통나무를 구해서 끓인 소금물에 푹 삶습니다. 삶아낸 나무를 선선한 바람에 말린 뒤, 대패질을 통해 평평하게 만들어야 했고, 이렇게 하는 데만 5년 이상이 걸렸답니다. 글씨를 새기는 데도 어려움이 많았습니다. 사람마다 글씨체가 다르니 서로 글씨체를 맞추어야 했거든요. 여기 걸린 시간도 1년이 넘었다고 합니다. 글자를 새길 때도 엄격한 규칙이 있었습니다. 한 글자를 새기고 세 번 절을 했지요. 팔만대장경에 새겨진 글자 수가 5200만 자라고 하니, 이 글자를 새기기 위해 15억 번 절했던 셈이군요. 이렇게 보니 『팔만대장경』을 만드는 데 16년이란 긴 시간이 걸린 것도 이해됩니다. 한편으로는 고려가 몽골의 침입을 얼마나 물리치고 싶어 했는지 느껴지기도 하고요.

팔만대장경은 경상남도 합천 해인사 소재 장경판전에 보관되어 있습니다. 장경판전은 바람과 빛의 양이 적절하게 들어오도록 설계했고, 바닥에 숯가루를 뿌려서 습도를 조절하고 해충의 피해도 막았습니다. 팔만대장경을 일반인이 보통 속도로 읽으려면 무려 30년이 걸린다고 해요. 그리고 대장경을 모아 일자로 세우면 백두산보다 높다고 합니다.

권문세족
원나라에서 멀어지는
콩고물 받아먹기

고려에도 외국어 배우기 열풍이 불었던 적이 있습니다. 심지어 고액과외까지 생겼을 정도라고 하는데요. 도대체 왜 이런 일이 발생했을까요?

고려에는 몽골족이 세운 원의 정치 간섭을 받던 시기가 있었습니다. 이를 '원 간섭기'라고 합니다. 원은 자기 마음대로 고려의 왕을 바꾸기도 했고, 고려의 왕을 무조건 원의 공주와 결혼시켰습니다. 뿐만 아니라 고려를 감시하는 기구를 설치하고, 몽골에 필요한 물건과 사람까지도 마구 빼앗아 갔습니다. 정말 슬픈 시절이었지요.

그런데 진심으로 마음 아파하는 고려 백성들과 달리 미소 짓는 세력도 있었습니다. 이들이 바로 '권문세족'입니다. 권문세족은 '권력과 세력이 많은 가문'이라는 뜻입니다. 원나라가 간섭하던 이 시기에 큰 힘을 가진 사람들이라면 도대체 어떤 사람이었을까요? 여러분의 짐작이 맞습니다. 원과 친하게 지내며 자신들의 이익만을 챙기던 세력입니다.

권문세족의 구성원은 정말 다양했어요. 군인 출신도 있고, '매'를 잘 키워서 출세한 사람도 있고, 몽골어를 잘해서 권문세족이 된 사람도 있어요. 원은 고려를 구석구석 일일이 간섭하고 싶어서 몽골어를 할 줄 아는 통역관을 뽑았습니다. 통역관이 되면 원 옆에서 권세를 누리며 권문세족으로 성장할 기회를 얻을 수 있었는데요. 당시 고려에서 '몽골어를 배워야 성공한다'라는 말이 떠돌던 배경입니다.

그 밖에 권문세족은 원에 붙어 강력한 힘을 얻은 뒤, 사람들의 땅을 빼앗아 거대한 농장을 만들기 시작합니다. 가난한 농민들에게 땅을 빌려주고 높은 이자를 요구하고 돈을 갚지 못한 농민들을 노비로 만들기도 했답니다.

나라가 위기일 때, 자기의 욕심을 채우려 노력하는 게 아니라 나라를 구하기 위해 공부하고 노력했다면 아마 역사는 많이 바뀌었겠지요?

오늘날, 부동산 부자라는 별명을 가지고 있는 사람이라고 해도 고려 권문세족 앞에서는 명함도 내밀지 못할 거예요. 고려말 권문세족은 산천을 경계로 대농장을 소유했고 나아가 불법으로

Q 　#원_간섭기 #권력과_세력 #원의_힘 #농민_착취 #노비 #교과연계+권문세족_권세를_누리다

나라에서 받은 토지를 자손들에게 대대손손 물려주기도 했어요.

아직 놀라기는 이릅니다. 권문세족은 힘없는 백성들에게 억지로 돈을 빌려주고 많은 이자를 받기도 했죠. 그 이자가 많게는 무려 300%였다고 해요. 그뿐만 아니라 당시 고려 농민들의 수확물 반을 세금으로 걷어가기도 했어요. 월요병을 이겨가며 열심히 일했는데 나라에서 월급의 절반을 세금으로 가져간다고 생각해 보세요. 힘이 쭈욱 빠지죠.

이렇게 권문세족의 수탈이 심화된 고려말, 아이러니한 일이 생깁니다. 백성들이 권문세족의 착취를 피해 스스로 권문세족의 노비가 되기로 한 것이지요. 백성들로서는 절반이 넘는 세금을

내는 것보다 차라리 작은 토지를 권문세족에게 주고 그들의 노비가 되어 국방의 의무와 세금의 의무를 다하지 않는 게 더 나은 삶이라고 여겼던 것이에요.

이들의 횡포를 더는 두고볼 수 없어 등장한 새로운 세력이 바로 '신진사대부'예요. 대부분 중소지주 신분이었던 신진사대부들은 권문세족의 대토지 소유를 비판하고 성리학을 연구해 과거를 통해 중앙으로 진출하기 시작합니다. 이후 신진사대부는 공민왕의 개혁에도 적극적으로 참여하며 성장합니다. 권문세족의 비리를 비판하며 새로운 지배세력으로 등장할 준비를 한 거죠. 이 내용은 뒤에서 더 자세히 다뤄볼게요.

공녀

내 딸을 몽골에 바치느니 일찍 결혼하는 게 낫다!

고려에서는 갓 열 살을 넘긴 어린 여자아이가 결혼하는 일이 있었습니다. 이렇게 이른 나이에 결혼하는 풍습을 '조혼'이라고 합니다. 21세기에도 여전히 이런 풍습을 버리지 않는 나라가 있습니다. 정말 심각한 인권침해지요. 그런데 고려의 여자들이 일찍 결혼했던 데엔 특별한 이유가 있었습니다. 몽골족이 세운 '원'이 고려를 간섭하면서 고려의 여성까지 잡아갔기 때문입니다.

원은 고려의 물품과 사람을 거침없이 약탈했는데, 그중 가장 무서운 일이 고려 여성들을 '공녀'로 바치게 한 것입니다. 몽골은 주로 13살에서 16살의 어린 여자들을 바치라고 요구했어요. 원의 사신들은 자신의 두 번째, 세 번째 아내를 구한답시고 고려의 집을 뒤지면서 여자들을 찾아내어 공녀로 데려가곤 했습니다. 따라서 고려 여성과 그들의 가족은 차라리 일찍 결혼하는 쪽을 선택합니다. 아는 사람도 없고 말도 통하지 않는 나라에 가서 비참한 삶을 사느니 가족과 친구가 있는 '고려'에 남는 편이 훨씬 낫다고 생각한 거예요. 어떤 여성들은 스스로 목숨을 끊기도 하고, 머리를 깎고 절에 들어가기도 했습니다. 너무너무 슬픈 역사의 한 장면입니다.

공녀로 원에 끌려간 여성들의 삶은 어땠을까요? 그들의 삶은 아픔 그 자체였습니다. 공녀로 간 여성들은 대개 원 황제의 노예나 시녀, 궁녀로 살았습니다. 말도 통하지 않는 나라에 가서 노예 생활을 하게 된 것이지요. 아주 드물지만 예외도 있었습니다. 공녀로 끌려갔던 '기황후'는 궁녀 생활을 하다가 원의 황제인 '순제'와 사랑에 빠져서 원나라의 황후가 되었거든요. 그러자 고려에 있던 기황후의 가족들은 기황후의 힘을 믿고 온갖 나쁜 일을 저지르기도 했지요. 하지만 기황후의 예는 정말 드문 일입니다. 〈기황후〉라는 드라마가 나오면서 공녀'의 삶을 오해하는 사람들도 있는데요. 매체에서 다루는 이야기가 모두 사실은 아닙니다. 그러니 무엇이든 무조건 받아들이지 말고 역사적 상황과 사실들을 꼼꼼히 따져보아야 할 것입니다.

Q #원_간섭기 #권력과_세력 #원의_힘 #농민_착취 #노비 #교과연계+권문세족_권세를_누리다

음서

아빠 찬스로 취직했다고?

금수저, 은수저, 흙수저라는 말 들어보셨지요? 부모나 집안의 재력, 사회적인 지위 정도에 따라 젊은이들의 출발선이 달라진다는 의미로 쓰는 말인데요. 인터넷에서 처음 쓰였다는 저 단어들을 접할 때마다 마음이 아픕니다.

그런데 오래전 고려에도 '금수저'를 위한 제도가 있었습니다. 당시 권력을 장악하고 있던 문벌귀족들은 특권을 잃고 싶지 않았습니다. 그래서 '음서제도'를 만들어요. '음서'의 '음蔭'은 그늘 아래란 뜻이고, '서敍'는 차례라는 뜻입니다. 그러니까, 아버지 그늘이 얼마나 짙고 넓은지에 따라 순서가 매겨진다는 뜻이군요. 에둘러 고상하게 '그늘'이라고 표현했지만, 계층과 혈통에서 오는 이익을 지키겠다는 신분제 사회의 특징을 단박에 알아볼 수 있습니다. 예를 들어 고려에서는 5품 이상 관리의 자식은 시험을

#아빠의_그늘_아래에서_취뽀하기 #조선까지_이어져 #교과연계+고려의_교육과_관리_선발

치르지 않고 관리가 될 수 있었어요. 아버지가 5품 이상 공무원이면 아들이라는 것 하나로 공무원이 될 수 있었던 거예요.

물론 고려의 4대 임금인 광종 대에 본격적으로 과거제도가 실시되긴 해요. 누구든 열심히 공부해서 정정당당하게 시험을 치러 급제하면 관리로 임용하는 제도입니다. 하지만, 대다수 사람이 주먹밥 먹어가며 열심히 공부해서 시험 보고 겨우겨우 관리가 되는데, 다른 누군가는 아버지 찬스를 써서 턱 하니 높은 관직에 올라간다면 참 억울하지 않았을까요?

고려 시대의 음서제도는 놀랍게도 조선 시대까지 이어집니다. 어느 시대든 자신의 특권을 유지하고 싶은 마음은 똑같은 거죠. 하지만 조선 시대는 5품이 아닌 3품 이상 관리의 자식에게만 음서 혜택을 주었습니다. 고려 시대보다는 조선 시대에서 개인의 능력을 조금 더 중시했다는 것을 알 수 있죠. 이렇게 역사는 조금씩 발전하는 거겠죠?

 조선의 5품과 3품을 오늘날의 직급에 비교해볼까요? 조선의 5품 관리는 현재의 '군수'와 비슷합니다. 3품 관리는 현재 사법부에서 활약하고 있는 판사, 검사에 빗댈 수 있겠습니다.

036

교종과 선종

앉아서 공부만 할래?
일어나서 실천할래?

떡볶이를 좋아하는 사람들이 밀떡을 좋아하는 '밀떡파'와 쌀떡을 좋아하는 '쌀떡파'로 나누어지는 것처럼 같은 종교에서도 어떤 점을 중요하게 여기는가에 따라 '파'가 나뉘기도 합니다.

삼국시대부터 사람들이 믿기 시작한 불교도 다양한 갈래로 '파'가 나누어졌어요. 불교의 핵심은 사람들이 현재의 고통과 어려움에서 벗어나 '해탈'하여 저마다 부처가 되어 극락에 가는 것입니다.

그런데 같은 불교 안에서 '해탈하는 방법'을 두고 의견이 갈라집니다. 물론 불교에서만 그런 것은 아닙니다. 크리스트교도 정치적인 이유나 지도자에 의해, 혹은 개혁 사상에 따라 여러 분파로 갈라졌잖아요? 불교에서는 가장 대표적인 것이 '교종'과 '선종'이었습니다.

Q #아빠의_그늘_아래에서_취뽀하기 #조선까지_이어져 #교과연계+고려의_교육과_관리_선발

교종은 '공부'를 가장 중요한 덕목으로 여겼습니다. 불교 경전을 열심히 공부해야 '해탈'해서 부처가 될 수 있다고 생각한 것입니다. 그런데 '불교 경전'은 다 한자로 되어 있으니 이걸 읽고 공부하려면 한자에 능통해야겠죠? 이런 이유로 당시 '교종'을 중시했던 사람들은 한자를 잘 알고 사회적으로 잘나가는 지배층이었습니다. 따라서 교종은 귀족들에게 유행했지요.

선종은 반대로 서민 중심으로 퍼진 불교입니다. 해탈의 방법으로 강조한 것도 경전 공부가 아니라 '참선과 실천'이었습니다. 조용히 앉아서 몸과 마음을 수양하는 것인데요. 참선을 하다가 어느 순간, '바로 이거야! 이런 일을 해야 해!'라고 깨달음을 얻으면 이 내용을 곧장 '실천'에 옮기면 된다고 본 것입니다. 어려운 한자로 쓰인 경전을 공부하는 것보다 훨씬 쉽다고 생각했는지 서민들은 선종을 더 좋아하게 되었습니다.

선종은 교종의 권위를 부정하며 등장했습니다. 신라 초기, 교종을 중심으로 한 불교는 왕실과 귀족의 지나친 후원으로 점차 보수적으로 변해갔거든요. 이때 선종은 신라 사회의 모순을 개혁할 것을 요구하며 등장합니다. 선종이 주장하는 '각자 마음속에 있는 깨달음을 얻어야 해'와 같은 혁신성과 실천적인 경향이 신라왕조에 반항할수 있는 사상적 기반이 되어줍니다.

037

풍수지리사상
터가 문제야,
명당으로 옮겨야 해!

풍수지리사상은 땅의 모양, 강이나 냇물 같은 물의 위치, 그리고
동서남북 방위 등에 따라 인간의 길흉화복이 달라진다고 주장합
니다. 그래서 우리 선조들은 집을 지을 때나 묘지 터를 잡을 때,
왕조에서 수도를 정할 때 풍수지리사상을 염두에 두었습니다. 이
사상은 삼국시대에 들어와서 고려 시대, 조선 시대를 거쳐 현재
까지도 사람들에게 알게 모르게 영향을 주고 있습니다.

신라에 풍수지리설을 처음 들여온 사람은 도선 스님이에요.
그는 뒤에 산이 있고 앞에 물이 흐르는 터가 제일 좋다고 강조했
습니다. 고려에는 풍수지리의 대가로 승려 묘청이 있어요. 그는
다른 나라가 고려를 자꾸 침입하니까 왕에게 "지금 고려의 수도
인 개경의 기운이 좋지 않다. 좋은 기운이 느껴지는 서경으로 옮
기자"고 건의합니다.

Q   #이성계의_수도_결정 #묘청의_난 #조선_건국 #한양 #명당 #교과연계+풍수지리사상이_퍼지다

풍수지리사상은 조선에도 큰 영향을 끼쳤답니다. 조선을 세운 이성계가 풍수지리사상에 따라 조선의 수도를 결정했거든요. 이성계는 조선을 건국하면서 앞으로 좋은 일만 가져다줄 최고의 명당을 찾습니다. 태조와 신하들은 풍수지리 이론과 함께 고구려, 백제, 신라, 고려의 수도까지 그동안 중요한 역할을 했던 도시의 모든 자료를 검토했어요. 그리고 드디어 풍수지리 입장에서 완벽하게 명당이라고 할 수 있는 곳을 선택합니다. 주변에는 큰 강이 흐르고 산으로 둘러싸여 있으며 농사를 짓는 데도 완벽한 기후조건을 가진 곳, 바로 한양이었습니다.

현재에도 풍수지리를 중요하게 여기는 사람이 많습니다. 집이나 건물을 지을 때, 아파트를 살 때 명당을 찾는 것도 그렇고요. 집 안을 꾸밀 때도 이런 요소들을 반영하는 분들이 있답니다. 공부에 더 잘 집중하게 해주는 위치에 책상을 두거나 집안에 행운을 가져다준다는 장식품을 구입하기도 해요. 풍수지리와 명당, 이 이론에 과학적인 근거가 있는 것인지 아니면 심리적인 것인지 참 궁금합니다.

신라 하대에 풍수지리사상이 신라에 미친 영향은 대단했습니다. 사람들은 풍수지리사상으로 각 지방의 지리적 중요성을 깨닫게 되었어요. 당시 신라의 수도였던 경주 중심의 지리 개념에서 벗어나, 다른 지방의 중요성도 자각하게 된 거죠. 이는 호족들이 각 지역에서 성장할 수 있는 사상적인 근거가 되어 후백제와 고려를 탄생시키는 데에 일조합니다.

038

연등회

고려의 밤을 반짝반짝 수놓다

고려는 일정한 날이 되면 '연등회'를 열었습니다. 연등회는 불교에서 주관하는 행사입니다. 지금도 '부처님 오신 날'이 다가오면 길거리에 동그란 등이 매달려 있는 것을 볼 수 있는데요. 이 행사가 바로 고려 시대부터 열리던 연등회의 연장선이랍니다. 원래 연등회는 인도에서 시작되었어요. 인도에서는 연등회가 국가 차원의 축제가 아니었습니다. 그런데 고려는 불교를 숭상하는 나라였으므로 불교 행사가 국가의 축제가 될 수 있었습니다.

　고려는 왜 '연등회'를 열었을까요? 불교에서 불을 밝히는 것은 잘못이 크고 고민이 많은 어두운 현재를 부처의 지혜로 밝게 비춘다는 것을 의미합니다. 그러니 불을 많이 밝히면 밝힐수록 부처의 지혜를 더 많이 받을 수 있겠네요. 고려 사람들은 부처의 지혜를 많이 받고 싶었는지 연등회가 열리면 밤에도 고려 수도인 개경이 대낮처럼 환했다고 합니다. 어두웠던 개경의 밤거리가 밝아진다니, 고려 사람들은 정말 설렜겠군요.

연등회 말고도 불교 축제가 또 있었어요. 연등회랑 짝꿍으로 나오는 '팔관회'입니다. 팔관회의 팔관은 불교에서 금지하는 8개의 규칙입니다. '생명을 죽이지 말고, 도둑질하지 말고, 거짓말도 하지 말고, 술도 먹지 말고, 사치하지 말고, 오후 식사를 하지 않는다'입니다. 그런데 일상생활을 하는 사람들에게 매번 이런 금지령을 내릴 수는 없었습니다. '팔관회'를 여는 날에만 꼭 지키도록 했지요.

팔관회는 하루만 진행되지 않았어요. 첫날에는 왕이 제사를 지내고, 둘째 날에는 다른 나라 사신이 와서 함께 축제에 참여했지요. 큰 행사가 끝나면 백성들은 함께 춤을 추고 노래를 부르며 축제를 즐겼습니다. 어려운 8개의 규칙을 지킨 사람들에게 큰 상을 주는 것처럼요.

그런데 성종 때에는 연등회와 팔관회 행사가 일시적으로 폐지됩니다. 연등회와 팔관회는 정말 큰 축제였기 때문에, 이를 치르는 데 세금이 엄청 많이 들어간 탓입니다. 하지만 현종 때, 다시 연등회와 팔관회가 열리게 되었고, 특히 연등회는 매년 음력 정월 대보름에 열리면서 고려의 중요한 행사로 자리잡게 되지요.

#고려_대표_불교_행사 #팔관회_8개_금지 #세금_지출 #교과연계+불교문화가_꽃핀_고려

039

신진사대부

새로운 양반들의 갈등,
급진파 vs 온건파

잘못된
부분은
바르게
고쳐!

여러분이 가장 아끼는 스마트폰이 고장 났다고 가정해봅시다. 상상만 해도 속상하지요? 휴대폰에는 가족이나 친구들과 찍은 사진은 물론 추억이 가득 담긴 여러 사진과 메시지가 정말 많이 담겨 있을 텐데 말이에요. 이제 여러분에게는 두 가지 선택지가 있습니다. 하나

는 최신형 스마트폰을 사는 것이고, 또 하나는 수리점에 맡겨 고
치는 것입니다.

'새로 장만할까, 고쳐서 쓸까?' 물론 스마트폰 같은 기기를
장만하는 것과 결은 다르지만 비슷한 선택의 길에 놓였던 사람들
이 고려 말에도 있었습니다. 그들을 신진사대부라고 불러요. 고
려 시대 후반은 원의 간섭과 권문세족의 횡포
로 굉장히 혼란스러운 상황이었습니다. 나라
가 '노답'인 상황에 빠진 거예요. 그도 그럴 것
이 권문세족은 자신의 배를 채우느라 너무 바
빠서 백성을 돌보는 일엔 신경을 쓰지 않았거
든요. 그러자 과거시험에 정정당당하게 합격
하여 정치의 일선으로 진출한 신진사대부가
하나둘 힘을 모으기 시작합니다. 신진사대부

한번
고장 나면
계속
고장 나!

란 '새롭게 등장한 양반'이라는 뜻인데요. 잘못된 길로 가는 고려를 더는 두고 볼 수 없었던 이들은 고려를 개혁할 기회만을 노리고 있었습니다.

그리고 마침내 기회가 찾아왔습니다. 전 세계를 통일할 것 같았던 몽골족의 힘이 약화하면서 고려는 원의 지배에서 벗어나게 됩니다. 신진사대부들은 그 틈을 타 부패한 권문세족들을 몰아내기 시작했습니다. 여기까지는 그래도 좋았어요. 이때만 해도 신진사대부의 목적이 같았거든요. "우리나라에서 원을 추방하자. 권문세족 너희 세상도 끝났어!"

문제는 그다음입니다. 망가진 고려를 두고 의견이 갈리기 시작한 거예요. 온건한 입장이었던 사대부들은 "그냥 고려의 잘못된 부분만 고치죠? 우리가 고려사람으로 살아온 세월이 몇 년인데…. 우선 중요한 문제를 해결하고 예전처럼 잘살아봅시다"라고 주장했습니다.

하지만 급진파 사대부의 의견은 달랐어요. "무슨 소리! 사람이랑 나라는 고쳐 쓰는 거 아니라고 그랬어. 이미 썩을 대로 썩은 고려는 버리고 새 나라를 만들자!"

'좋은 나라 만들기'에 대한 소망은 같았지만, 방법이 달랐던 신진사대부는 온건파와 급진파로 나뉩니다. 이후, 급진파가 승리

#권문세족_신진사대부 #급진파_온건파 #고려_개혁 #조선의_등장 #교과연계+고려왕조의_몰락

하면서 고려는 끝이 나고 새로운 나라이자 우리에게 너무나 친숙한 나라인 '조선'이 등장하게 됩니다.

이 시기의 일들이 드라마로 여러 번 제작되어 방영된 걸 보면 고려 말에서 조선 초에 이르는 대전환의 상황이 우리 역사상 가장 흥미진진한 장면 중 하나라는 뜻이겠죠?

정도전과 정몽주를 아시나요? 이 둘은 모두 신진사대부지만, 정도전은 급진개혁파이고 정몽주는 온건개혁파였어요. 온건개혁파의 대장이었던 정몽주는 고려 왕조를 유지하며 차례대로 개혁하기를 원했습니다. 그런 그의 마음을 돌리고자 이성계와 이방원이 열심히 정몽주를 설득하지만 도리어 그는 시조까지 남기며 자신의 굳은 의지를 보여줍니다. "내가 죽고 또 죽어서 백번이 넘게 죽고 임을 향한 일편단심 마음은 절대 변하지 않아".
무너져가는 고려를 끝까지 지키려는 정몽주의 신념이 여러분도 느껴지나요?

훈구

훈장이 많을수록 공이 크다는 거야!
세조가 내리는 훈장을 받자

상장을 받으면 기분이 좋습니다. 학교에서 받는 상장도, 특별한 모임이나 단체에서 받는 상장도 모두 자랑스러워요. 요즘엔 가족끼리도 연말에 상장을 주고받는다고 합니다. 한 해 동안 자기 자리에서 열심히 생활한 가족들을 서로 칭찬하는 것이지요. 상장은 종류가 무엇이든 받을 때마다 행복합니다. 하물며 나라에서 나의 공을 알아보고 상장을 내린다면 어깨가 으쓱해지겠지요? 조선 건국 초기에도 상장을 받은 사람이 많았죠. 그들이 바로 이번 이야기의 주인공입니다.

이성계를 도와 조선을 건국하는 데 힘을 모았던 급진파 사대부들은 왕과 함께하는 정치, 백성을 위한 정치를 꿈꿨습니다. 저마다 자신의 이상을 펼치고 싶어 했지요. 조선 왕조 전기는 그런 다양한 꿈을 바탕으로 나라의 기강을 세우고, 체제를 정비하느라 혼란스러운 시기였습니다. 그러던 중 수양대군이 조카 단종의 왕자리를 빼앗고 스스로 왕(세조)이 되는 일이 벌어집니다. 이 사건은 누군가에게는 큰 위기였지만 누군가에는 큰 기회로 작용했어요. 사대부 중 일부는 눈치 빠르게 '세조'의 편에 섰고, 세조는 왕위에 오른 뒤 자신을 도운 사대부들에게 나라에서 주는 상장인 '훈장'을 내립니다. 많은 토지와 노비까지 덤으로 주었지요. 이들을 훈장을 많이 받은 세력, 나라에 공을 많이 세운 세력이라 하여 '훈구파'라고 부릅니다.

훈구파는 조선 전기에 조선을 지배했던 세력으로 성장합니다. 조선의 제도를 하나하나 정리하면서 실권을 장악하지요. 하지만 그들도 점점 처음의 열정과 꿈을 잊은 채 편안한 현실에 만족하게 됩니다. 더는 나라를 위해 연구하거나 성심껏 일하지 않고 재력과 권력을 누리려고만 했습니다.

한편, 훈구파가 부패하는 사이 지방에서 과거시험을 통해 왕의 곁으로 진출하는 신진세력이 나타나기 시작합니다. 그들의 성장은 어떤 바람을 몰고 오게 될까요?

#조선_건국_초기_훈장 #세조의_상 #훈구파_실권_장악 #부패 #교과연계+훈구와_사림의_대립

041

한양도성
흥 흥 흥인지문을 열어라
숭 숭 숭례문을 열어라 ♬

우리나라의 보물 1호와 국보 1호는 무엇일까요? 흥인지문과 숭례문입니다. 서울 중심부에 왜 이렇게 커다란 문이 있을까요?

조선 시대에도 지금의 서울이 수도였습니다. 이름은 '한양'이었고요. 조선은 한양에 도성을 짓습니다. 한양도성이란 한양을 지키고 있는 성곽이란 뜻인데요. 조선을 건국한 뒤, 수도를 한양으로 정하고 왕이 사는 궁궐인 경복궁을 지은 후에 한양을 둘러싼 성곽을 세운 거죠. 도시를 둘러싼 한양도성을 세운 뒤에는 한양도성의 안팎을 돌아다닐 수 있도록 여러 개의 문을 만들었는데, 그중 대표적인 문이 우리가 잘 알고 있는 흥인지문과 숭례문입니다. 한양도성을 만든 이유는 크게 두 가지입니다. 첫째, 왕이사는 한양을 다른 나라의 침입으로부터 막는 것. 둘째, 조선의 수도인 한양의 경계를 표시하는 것. 첫 번째 이유야 두말할 필요 없

🔍 #한양의_경계_성곽 #조선의_핫플_한양으로_가자 #한양_보호 #교과연계+조선_건국

이 중요한 것이고, 두 번째 이유가 좀 아리송합니다. 수도의 경계를 굳이 알아야 하나, 라는 생각이 들잖아요?

조선 시대 사람들은 한양의 위치를 정확히 꿰고 있어야 했습니다. 시험을 보려고 해도 한양에 가서 치러야 했고, 중요한 행사들도 대개 수도인 한양에서 열렸으니까요. 지금처럼 스마트폰 지도앱을 켜서 어디서부터 한양인지 알 도리가 없었으니 한양을 알려주는 장치가 필요했던 거죠. 그런데 1차 한양도성 공사는 겨울인 1~2월에 진행되었어요. 1~2월이면 정말 추운 때잖아요. 얼마나 추웠는지 왕이 관리를 보내서 "너무 추우면 공사를 중단하라"고 했을까요. 당시엔 건설회사 같은 것이 따로 없었기에 큰 공사가 있을 때면 국가에서 앞장서 사람들에게 '부역'을 부과했습니다. 부역은 나라에서 성인 남자에게 의무적으로 시키는 일이란 뜻이에요. 그런데 아무리 의무적으로 부과하는 일이라고 해도 아무 때나 사람들을 부를 수 없잖아요? 대다수 백성이 농부였으니 농사일이 가장 바쁘지 않을 때 나랏일을 맡길 수밖에 없었습니다. 그러니 추운 겨울에 한양도성을 쌓게 되었지요. 공사에 참여했던 사람들도 집에 빨리 가고 싶었던 걸까요? 백성들은 1차 공사를 49일 만에 끝내버립니다.

 한양도성은 한양을 둘러싼 산을 따라 성곽을 축조했습니다. 그리고 한양도성의 안과 밖을 다닐 수 있는 4대문(흥인지문, 돈의문, 숭례문, 숙정문)과 4소문(혜화문, 소의문, 광희문, 창의문)을 함께 만들었지요.

042

유교

공자 왈 맹자 왈, 예의가 제일 중하다

유학, 또는 유교는 중국의 사상가였던 '공자'의 가르침을 따르는 학문이자 종교입니다. 유학은 '인仁'을 바탕으로 나라에 충성하고 부모에게 효도하는 것을 가장 중요하게 여긴 사상이에요. 동아시아 사람들의 일상과 가치 체계, 그리고 나라를 다스리는 정치의 근본이기도 합니다. 유교는 유학을 종교적인 관점에서 본 것이지요. 유교는 사람이 꼭 지켜야 할 것을 밝혀 평화로운 사회를 완성하려고 했습니다. 사람과 사람 사이의 좋은 관계를 제일 중요하게 여겼고, '예의'를 중시했습니다. 사회 질서를 잘 지키는 것과 임금과 조상에 대한 예의를 지키는 것을 의미합니다.

유교는 삼국시대에 우리나라에 들어왔습니다. 고구려는 유교를 가르치는 학교를 만들었고, 과거시험에 합격하려면 유교를 공부해야 했어요. 고려 시대에도 많은 학자가 유학을 공부했습니다. 최승로는 〈시무28조〉에서 "불교는 수신修身의 근본이요 (…) 유교는 치국의 근본이요(…)"라고 하면서 유교를 바탕으로 올바른 정치를 펼 것을 강력히 주장했습니다.

조선은 아예 '유교'를 근본이념으로 삼아 나라를 다스렸습니다. 유교적 질서를 확립하기 위해서 많은 책을 편찬했어요. 특히 세종 때, 유학의 가르침에 따라 백성들에게 예의 교육을 시키는 그림책으로 〈삼강행실도〉를 만들었습니다. 〈삼강행실도〉는 임금과 신하 사이, 부부 사이, 아버지와 아들 사이의 예의를 강조하면서 본받을 만한 사례를 담은 책입니다. 현대인의 눈으로 볼 때 말이 안 되는 것들이 참 많아요. 평등한 관계에서 지켜야 할 가치보다 임금-신하, 스승-제자, 부모-자녀처럼 수직적인 관계에서 지켜야 할 것들, 특히 남성 어른 중심의 덕목들을 우선으로 여겼기 때문입니다. 자연스레 여성과 어린아이의 권리는 무시되었습니다.

하지만 공자의 가르침이나 유학에서만 이렇게 생각한 것이 아닙니다. 공자와 비슷한 시기를 살았던 고대 서양의 철학자들도 비슷했어요. 그러니까 이런 생각은 어느 고리타분한 사상가의 문제가 아니라 시대의 문제로 보아야 합니다. 지금은 여성들이 일하고 정치하고 투표하고 그러는 모든 것이 매우 자연스럽지만, 과거의 어느 시점엔 동양에서나 서양에서나 상상조차 하지 못했던 일일 수 있습니다. 우리가 역사를 공부하면서 어제보다 나은 오늘과 내일에 감탄하는 배경도 바로 여기에 있겠지요?

> #조선의_근본이념 #유교의_나라 #유학 #삼강행실도 #교과연계+유교적_이상사회를_꿈꾼_조선

043

직계제
왕에게 직접 전달할래

친구들과 몇몇 건의사항을 놓고 학급회의를 했습니다. 이제 여기서 나온 결과를 담임선생님께 전달하려고 합니다. 어떤 방법이 있을까요? 학급회장에게 우리 반을 대표하여 의견을 전달해달라고 해도 되고, 직접 담임선생님을 찾아가 의견을 말해도 됩니다. 어느 경우든 일장일단이 있습니다. 조선에서도 왕에게 의견을 전달하는 방법이 두 가지 있었습니다.

조선의 중앙 통치기구는 크게 의정부와 6조가 있습니다. 의정부는 조선 최고의 통치기관이에요. 드라마에서 왕과 대신들이 모여 회의하는 장면을 보면 쭉 늘어선 신하들 중 맨 앞에 서 있는 사람들 있지요? 그들이 바로 의정부에서 활약하는 영의정·좌의정·우의정입니다. 공무원 계의 끝판왕 세력입니다. 지금과 비교하면 대통령 다음으로 서열이 높지요.

6조는 의정부에서 결정한 내용을 실행하는 기관으로 모두 6개의 조직으로 구성되었습니다. 6조는 각각 관리 뽑기, 나라의 돈

관리하기, 국가의 제사와 외교 담당하기, 군사 관련 업무, 재판 업무, 나라에서 하는 공사 관련 업무를 담당했습니다. 6조는 자기들이 처리한 일 중 중요한 사항을 의정부에 보고하고, 의정부에서는 그중 중요한 내용을 골라 왕에게 전달했습니다.

중요한 점은 왕, 의정부, 6조와의 관계가 어떻게 변하느냐에 따라서 당시 정치 상황을 눈치챌 수 있다는 것입니다. 왕의 힘이 강력하다면 이때의 왕은 나라 돌아가는 상황을 6조에서 직접 듣고 싶을까요, 의정부를 거쳐서 듣고 싶었을까요? 당연히 6조에 직접 듣고 싶었겠지요. '말'이란 게 다른 사람을 거치다 보면 원래 의도와 다르게 변할 수 있으니까요. 그래서 왕이 의정부를 거치지 않고 6조와 직접 소통하려고 했던 제도를 '6조 직계제'라고 합니다. 실제로 태종과 세조는 6조 직계제를 시행했습니다.

반면, 너무 강력한 왕권은 좋지 않다고 생각한 왕들도 있었습니다. 왕의 힘과 신하의 힘이 적절하게 균형을 이루어야 한다고 생각한 이들은 '의정부 서사제'를 실시합니다. 원칙대로 6조가 의정부를 거쳐서 왕에게 이야기를 전달하는 방식이지요. 세종은 왕권과 신권의 조화를 원했기 때문에 아버지인 '태종'이 했던 6조 직계제가 아닌 의정부 서사제를 실행했답니다.

#6조와_직접_소통 #조선의_중앙_통치 #의정부_서사제 #교과연계+조선의_통치제도_정비

애민정신
세종, 백성을 사랑하는 마음으로

역사 속 왕에게나 현대의 대통령에게나 공통으로 필요한 덕목이 있습니다. '애민정신', 백성과 국민을 사랑하는 정신이지요. 이 정신을 가장 멋지게 구체적으로 보여주었던 왕이 있습니다. 바로 세종대왕입니다.

세종대왕의 업적은 정말 많지요? 누구나 쉽게 읽고 쓸 수 있도록 한글을 만들어서 글을 아는 것이 권력이 되지 못하게끔 정의로운 길을 텄습니다. 신하들과 토론하고 공부하는 일을 활성화하여 왕이 독단적인 결정을 내리지 않도록 늘 경계했고, 무예를 중시하며 나라의 힘을 키우는 데도 힘썼습니다.

당시 일본의 해적이 자꾸 우리나라 남쪽에 쳐들어와서 백성들을 괴롭히는 일이 발생하자 세종대왕은 쓰시마섬에 쳐들어가 일본 해적이 두 번 다시 우리 백성을 괴롭히지 못하도록 혼쭐을 내주었다는 일화도 있지요. 북쪽에서 백성을 괴롭히는 여진족을 몰아내기도 했고요.

어디 그뿐인가요? 세종대왕 때에는 조선의 과학기술 수준이 많이 발전했습니다.

당시에는 날씨를 예측하는 일이 매우 중요했습니다. 기상 조건을 잘 알아야 농사짓는 데 유리했기 때문입니다. 하지만 날씨를 예측하기란 보통 어려운 일이 아니었어요. 당시 조선은 중국의 역법을 쓰고 있었어요. 역법이란 우주에 있는 항성이나 행성 등이 어떤 일정한 간격으로 움직이는지를 시간 단위로 구분한 계산법으로, 우리는 중국 것을 그대로 받아들여 사용하고 있었습니다. 그런데 중국과 우리나라의 실제 시간이 다르다 보니 중국 역법으로 계산하면 자꾸 기상 예측이 틀리는 거예요. 세종은 이래서는 안 되겠다, 하고 중국과 아라비아의 역법을 참고하여 조선의 시간을 계산하는 독자적인 역서를 만듭니다.

또한 조선에 관측소를 세워 하늘을 관찰하면서 조선 사람들의 일상생활과 농사에 도움이 되는 여러 시계를 만들었습니다.

특이한 점은 세종대왕이 역사상 최초로 대규모 국민투표를 시행했다는 거예요. 당시 세금 제도에 문제점이 있다고 생각한 세종은 조정의 대신부터 일반 백성에 이르기까지 거의 모든 백성의 의견을 들어보기로 합니다. 「세종실록」 1430년 3월 기록을 보면 세종이 공법 시행을 두고 "전국의 전·현직 관리는 물론이고

🔍 #세종대왕_한글창제 #백성_괴롭히지_마 #최초_국민투표 #교과연계_나라의_기틀을_마련한_조선

세민細民(가난하고 비천한 백성)들에게까지 모두 가부를 물어 그 결과를 아뢰도록 하라"는 기록이 나와요. 합리적인 세금 제도를 만들기 위해 세종이 얼마나 노력했는지 알 수 있는 대목입니다. 이처럼 세종대왕의 업적을 살피다 보면 백성을 사랑하는 왕의 마음과 사랑받고 있는 백성들의 모습이 눈에 선하게 그려집니다.

'황희'를 아시나요? 그는 세종대왕의 사랑을 듬뿍 받은 신하입니다. 황희는 고려 우왕 때 처음으로 벼슬길에 올라 태종과 세종 때 크게 활약합니다. 태종은 "황희가 하루라도 없으면 나는 일을 할 수 없어"라고 말할 정도로 황희의 능력을 높게 평가했고요. 그래서일까요? 황희는 세종의 사랑을 받고도 자만하지 않고 관료로서 열심히 일합니다. 하지만 왕의 사랑이 너무 과했는지, 황희는 지독한 초과 근무에 시달리지요. 오죽하면 황희의 꿈이 정년퇴직이었으니까요. "전하! 저는 너무 늙어서 귀가 안들리고 눈도 어두워서 글을 읽을 수 없어요. 온몸이 아파 걸을 때마다 쓰러집니다. 제발 저를 해고시켜주세요."라고 말합니다. 황희에게 세종은 "응~ 아니야. 내가 보니까 아주 건강해! 오히려 어제보다 더 건강해진 느낌인데? 만약 아프면 치료하면 돼~"라고 말하죠. 황희는 결국 87세가 되어서야 퇴직할 수 있었고 그로부터 1년 뒤 세종이 승하합니다. 결국, 세종이 죽을 때가 되어서야 황희는 일을 그만둘 수 있었지요. 황희는 힘들었겠지만, 훌륭한 왕과 이를 뒷받침하는 뛰어난 신하가 있었기에 멋진 업적이 나온 것 아닐까요?

성균관

과거 합격! 취업 보장!
조선 최고의 명문대학 성균관

어느 나라든 역사와 전통을 자랑하는 명문교육기관이 있습니다. 조선 시대에도 모두가 들어가고 싶어 하는 최고의 교육기관이 있었습니다. 바로 '성균관'입니다. 우리가 요즘 수능을 보고 대학에 입학하는 것처럼 성균관에 입학하려면 '과거'를 치러야 했습니다. 과거는 작은 시험인 소과와 큰 시험인 대과로 나누었는데요, 소과에 합격한 사람은 성균관에 입학할 수 있었답니다. 그런데 소과에 합격하는 사람은 전국에서 단 100명뿐이었다고 해요. 정말 경쟁률이 치열했군요. 시험이 이토록 어렵다 보니 성균관에 입학하는 사람들의 평균 나이가 35살이 넘었다고 합니다. 성균관 유생이 되는 것은 정말이지 하늘의 별따기였나 봅니다.

조선의 젊은이들이 성균관에 입학하려고 애썼던 이유는 요즘 청년들과 크게 다르지 않습니다. 명문대 졸업 후 탄탄대로에서 사회생활을 시작하고 싶어 하는 마음은 예나 지금이나 비슷한데요. 성균관에 입학하면 조선의 관리가 될 수 있는 길이 보장되었어요. 성균관 입학과 동시에 왕 옆에서 일할 수 있는 공무원이 될 수 있었던 것이지요. 성균관 학생들은 기숙사 생활을 했는데, 이때는 아무 걱정 없이 공부만 할 수 있었어요. 나라에서 땅도 주고 노비도 주었으니까요.

너무도 유명한 율곡 이이, 정약용과 같은 학자들도 성균관 출신이었습니다. 조선에서는 왕세자들도 성균관에 입학해 공부해야 했답니다. 즉, 왕의 아들도 성균관에 입학해서 공부하는 것을 피할 수 없었어요.

공부만 했을 것 같은 성균관 학생들에게도 재미있는 이벤트가 있었습니다. 바로 신입생 환영 신고식이죠. 적당한 환영회는 서로 친해질 기회를 만들어주지만, 과도한 환영식은 조선에서나 21세기 대한민국에서나 문제입니다. 술을 지나치게 많이 마시고 다치는 학생이 나오는가 하면 죽는 일까지 벌어지자 조선의 왕 중종은 성균관 환영식을 금지합니다. 얼마 전까지만 해도 즐겁게 모였다가 마무리되어야 할 자리가 과열되어 환영식 도중 다치는 일들이 종종 보도되곤 했는데요. 이런 뉴스를 접할 때마다 성균관 학생들의 모습이 함께 떠오릅니다.

🔍 #최고의_교육기관 #과거합격 #유생 #취업보장 #교과연계+조선의_학교_설립과_관리_선발

사육신과 생육신

죽어서도 살아서도 일편단심,
오직 단종

세종의 첫째 아들은 주변의 기대를 받으며 왕이 된 문종입니다.
하지만 문종이 39살의 나이로 세상을 떠나자 문종의 큰아들이었
던 단종이 왕이 됩니다. 고작 12살의 나이에 왕위에 오른 데다가
단종의 엄마와 할머니까지 일찍 죽는 바람에 어린 단종에게는 강
력한 지지 세력이 없었습니다.

이때 빈틈을 노렸던 사람이 세종의 둘째 아들이었던 수양대
군(세조)입니다. 세조는 친형의 아들인 조카 단종을 끌어내리고
직접 왕이 됩니다. 이로써 정식 부인이 낳은 맏아들에게 왕위를
물려주던 왕실 법도가 파괴되고, 자격이 안 되는 세조가 왕이 된
것입니다.

분노한 몇몇 신하들은 단종을 다시 왕으로 세우려고 계획합
니다. 명의 사신이 오는 날, 세조를 제거하기로 약속하지요. 그러
나 눈치 빠른 세조가 이를 알아챈 데다가 함께 거사를 행하기로
약조했던 김질이 배신하면서 계획은 실패합니다.

세조는 자신을 죽이려고 했던 6명의 신하를 고문하며 자신을 왕으로 인정하라고 합니다. 하지만 성삼문과 박팽년을 포함한 6명의 신하는 끔찍한 고문에도 흔들리지 않았고, 도리어 세조에게 "우리는 당신을 왕으로 인정하지 않는다"라고 이야기했지요. 결국 6명의 신하는 죽고 말았습니다. 죽음으로써 끝까지 단종과의 의리를 지켰던 6명의 신하를 사람들은 '사육신'이라고 부릅니다.

반면, 살아서 단종과의 의리를 지킨 사람도 있었어요. 이들은 죽지 않았지만, 세조를 왕으로 인정하지 않고 모든 벼슬을 포기하여 산속으로 들어가서 평생 숨어 지냈습니다. 이렇게라도 단종과의 의리를 지키려고 했던 여섯 명의 신하를 '생육신'이라고 합니다. 생육신의 대표자인 '김시습'은 세조가 무서워서 그냥 내버려둔 사육신의 시체를 몰래 거두어 노량진에 묻어주었습니다.

#문종과_단종 #세조_수양대군 #단종과의_의리를_지키자 #사육신_생육신 #교과연계+계유정난

비변사
변방의 위기!
비상 상황에 대처하라!

국가적인 재난이 발생했을 때 공무원들이 노란색 점퍼를 입고 나와 상황을 설명하거나 비상 회의를 진행하는 장면을 뉴스에서 종종 보았을 것입니다. 조선에서도 비상 상황이 발생하면 해당 부서의 관리들이 모여 회의를 열었습니다. 물론 같은 색의 옷을 입지는 않았지만요.

조선에서 비상 상황이라고 하면 '다른 나라의 침입'인 경우가 많았어요. 주로 나라의 끝인 국경에서 담당 관리와 장군들이 모여 비상 대책 회의를 열곤 했지요. 당시는 전화나 인터넷이 없었잖아요. 그러니 일이 터지고 난 뒤에야 급히 모여서 회의를 할 수밖에 없었습니다.

이 같은 문제점을 해결하기 위해 조정은 외적이 침입할 때를 대비하여 임시기구를 하나 만듭니다. 이를 '비변사'라고 하는데,

Q #비상_상황_임시기구 #변두리_위기 #임진왜란 #확장 #교과연계+일본_침략과_서인의_정권_장악

나라의 변두리가 비상 상황에 처했을 때를 대비하는 기관이라는 뜻입니다. 비변사는 임시기구라서 항상 운영되지는 않았고, 다른 나라가 침입했을 때만 활동했습니다.

하지만 임진왜란이 발생하게 되면서 비변사의 역할이 변화합니다. 임진왜란은 1592년에 일본이 조선을 침략한 사건이지요. 왜구의 침입으로 비변사는 적극적인 활동에 나서게 되는데요. 장장 7년 동안 전쟁이 계속되는 사이 비변사의 권한은 단순히 나라를 지키는 차원을 넘어서게 됩니다. 전쟁을 치르는 데 필요한 업무 외에 나랏일 전 영역으로 힘을 뻗치기 시작한 거죠. 하다못해 왕의 아내나 첩을 고르는 데에도 관여하기 시작했습니다. 그러다가 인조 대에는 서인 정권이 비변사를 중심으로 정권을 장악하게 됩니다. 국방은 물론 외교, 산업 등 국가 업무의 전반적인 방향을 결정하는 기구로 변한 거죠. 비변사는 과연 언제까지 그 권력을 유지하게 될까요?

본래 조선의 최고정무기구는 의정부였어요. 의정부는 모든 관리를 통솔하고 6조를 지휘하면서 국정 운영을 총괄했습니다. 하지만 임진왜란 이후 비변사가 강화되면서 의정부와 6조 중심의 행정체계가 유명무실화되었어요. 이렇게 조선의 중앙통치조직이 흔들리면서 왕권은 약화되었습니다. 흥선대원군 때가 되어서야 비변사의 정치 임무를 의정부가 맡도록 하여 비변사의 영향을 줄였고, 이후 고종때 이르러서는 비변사를 의정부에 완전히 통합시켜 비변사를 혁파합니다.

임진왜란
1592년, 도요토미 히데요시
조선을 침략하다

임진왜란이 발생한 배경을 알아볼게요. 조선은 건국 이후 열심히 군사훈련을 했습니다. 태조 이성계는 조선을 세우기 전 변방에서 이민족과 싸우던 장군이었기에 국방력을 키우는 일이 얼마나 중요한지 잘 알고 있었거든요. 그러나 오랫동안 평화가 지속되자 군사력도 점점 약해집니다.

조선 시대는 '문신'을 더 높이 평가하던 사회였어요. 중요한 자리에 앉아 있는 사람들은 거의 다 문신이었습니다. 얼마나 심각한 문과 중심주의였는지, 실제 전쟁이 일어나서 군인을 다루는 최고 대장도 문신이었습니다. 아무리 문신을 우대해도 그렇지, 군대는 군사작전을 짜고 병사들을 훈련하는 데 능통한 실력자가 대장을 해야 하잖아요? 게다가 평화가 지속된 터라 관료든 백성이든 전쟁을 치러본 경험도 별로 없었습니다.

Q   #조선_국방의_중요성 #평화를_지속하려면 #일본_전국시대와_통일 #교과연계+임진왜란의_발발

일본은 우리의 상황과 정반대였어요. 당시 일본은 전국시대였습니다. 사무라이라고 불리는 일본의 무사들이 서로 '내가 최고가 될 거야!'라며 일본 내에서 작은 전쟁을 끝없이 치르던 시대죠. 자그마치 100년 이상 말입니다. 그러던 중 혼란스러운 전국시대에 마침표를 찍는 인물이 등장합니다.

바로 도요토미 히데요시입니다. 도요토미 히데요시는 혼란스러웠던 전국시대를 끝내고 일본을 통일합니다. 그런데 나라를 정리하고 나니, 일본 통일을 이끌었던 군인들에게 나눠줄 땅이 필요했습니다. 도요토미 히데요시는 고민 끝에 남의 땅을 정복해서 영토를 넓혀야겠다고 마음먹습니다. 조선을 정벌하고 지금의 중국인 명까지 정벌하여 더 큰 일본을 만들려는 계획을 세운 겁니다. 상상해보세요. 전쟁이 끝난 지 얼마 안 된 일본의 군사력을요. 정말 강력했겠지요? 결국, 일본은 1592년 임진년에 조선을 침략합니다.

포르투칼 선교사였던 '루이스 프로이스'는 임진왜란이 일어나기 전에 조선의 군사를 보고 다음과 같은 기록을 남겼습니다. "조선인들은 활을 정말 잘 사용한다. 병사들도 아주 단단해 보이는 갑옷을 입고 철모도 쓰고 있다. 바닷가 주변 방어가 탄탄하고 탄약도 많이 가지고 있다." 기록에는 이렇듯 조선이 군사훈련을 열심히 했다고 나와 있지만, 오랜 평화에 젖어 실전 경험이 적었다는 것이 가장 심각한 문제였답니다.

판옥선
내가 바로 거북선의 원조야!

이순신 장군은 "신에게는 아직 12척의 배가 남아 있습니다"라는 말로 흔들리는 조선에 굳은 의지를 보여주었습니다. 장군이 가지고 있던 12척의 배는 어떤 배였을까요? 그 유명한 거북선일까요?

보통 '이순신 장군' 하면 '거북선'을 먼저 떠올리지만 사실 조선 수군의 주력선은 '판옥선'이었어요. 거북선은 판옥선에서 약간의 변형을 준 배입니다. 판옥선은 글자 뜻 그대로 널빤지板로 지붕屋을 덮은 전투선인데, 명종 대에 개발하여 임진왜란 때에 크게 활약했습니다. 임진왜란 당시 바다에서는 조선의 주력선인 판옥선과 일본의 주력선인 '세키부네'가 숨막히는 전투를 치렀습니다. 두 배를 비교해볼게요.

판옥선은 매우 무거웠어요. 당시 남해는 조수간만의 차가 커서 갑자기 바닷물이 확 빠졌다가 확 들어오곤 했습니다. 커다란

🔍 #거북선의_원조 #조선_수군의_주력선 #전투선 #지피지기 #교과연계+임진왜란과_충무공의_활약

돌이 많이 숨겨져 있었고, 물살의 변화도 심했습니다. 바다 상황을 짐작하기가 여간 까다롭지 않았죠. 이런 상황에서 중심을 잘 잡으려면 배의 바닥을 평평하게 만들고 흔들리지 않도록 무겁게 만들어야 했습니다.

반면, 일본의 세키부네는 배 밑바닥이 뾰족한 아주 가벼운 배입니다. 덕분에 아주 빠르게 이동할 수 있었지만, 판옥선과 1대1로 부딪히면 바로 부서지고 말았지요. 일본은 해군의 전투 방식 때문에 배를 이렇게 만들 수밖에 없었습니다. 일본은 자기 배를 상대방의 배에 부딪힌 다음 냉큼 상대방 배에 올라타서 싸웠거든요. 빨리 치고 빠지는 데 유리한 배를 많이 만들었던 것입니다.

하지만 이순신 장군은 몇 수 위였습니다. 일본의 싸움방식을 미리 파악하고 적군이 우리 배에 올라타지 못하도록 판옥선에 뾰족뾰족한 뚜껑을 만들어 덮은 거예요. 이것이 바로 조선을 구한 '거북선'입니다.

당시 이순신에게 배가 정말 12척만 있었을까요? 이순신 장군은 임금의 명령을 따르지 않았다는 이유로 모진 고문을 받았습니다. 이때 장군 대신 원균이 조선의 수군을 이끌었는데, 그는 칠천량 해전에서 크게 패배했고 거북선 3척마저 파손되었습니다. 결국 싸울 수 있는 배는 단 12척만 남은 것이지요.

훈련도감

두 번 당할 수 없지,
조선의 수도를 지켜라!

'소 잃고 외양간 고친다'는 속담이 있습니다. 소를 기르던 외양간
이 고장 났는데도 고치지 않다가 소를 잃고 나서 고친다는 의미로
'나중에 후회하지 말고 미리 준비해라'는 교훈을 담고 있습니다.

　　일본의 침입으로 임진왜란이 발발하자 조선은 엄청나게 당
황합니다. 임진왜란에 미리 대비하지 못한 것도 일본을 정찰하러
갔던 신하들이 돌아와 정반대의 의견을 내놓았기 때문인데요. 그
때 만일 전쟁 상황에 대비하여 물샐틈없이 준비하고 방어했더라
면 우리 역사도 많이 달라졌을 겁니다.

　　임진왜란 직후 조선은 일본에 속수무책으로 당했던 뼈 아픈
과거를 떠올리며 새로운 마음가짐으로 군대를 정비합니다. 우선
조선의 수도를 수비하는 군대인 '훈련도감'을 만들었어요. 임진
왜란을 겪어보니 단순히 군사훈련만 해서 될 일이 아니었습니다.

Q 　#임진왜란 #수도_수비_군대 #군영 #5군영 #교과연계+조선_수도를_방어하고_일본을_물리치다

잘 훈련된 군사는 물론 새로운 군사기술이 필요하다는 것을 깨달은 거예요. 훈련도감에서 군인들은 대포 쏘는 군인, 총 쏘는 군인, 활을 쏘는 군인 등 전문기술을 가진 특수부대로 나뉘어 훈련을 받았습니다. 조선은 이렇게 재정비된 훈련도감을 바탕으로 새로운 군사기술을 배우면서 일본의 공격을 막아낼 힘을 기르게 되지요.

임진왜란 이후 조선은 훈련도감에 이어 4개의 '군영'을 추가로 설치합니다. 어영청, 총융청, 수어청, 금위영을 만든 것인데요. 이렇게 해서 훈련도감을 포함해 5개의 군영이 만들어졌고, 이를 '5군영'이라고 부릅니다. 5군영은 조선의 수도인 서울을 방어하는 역할을 맡았는데요. 그중 훈련도감은 1882년 임오군란으로 폐지됩니다.

원래 조선 시대 모든 양인 남자들은 군대에 가는 의무가 있었습니다. 하지만 조선 후기 설치된 훈련도감의 군인들은 급료를 받고 일하는 직업군인이었고 유생, 승려, 노비 등 다양한 신분으로 구성되었습니다.

051

동의보감

백성의 건강을 책임지는
조선의 119

조선 시대에는 지금처럼 병원이나 약국이 많지 않았습니다. 임진 왜란이 발생하고 설상가상으로 전염병이 확대되자 환자의 수가 급격히 늘었는데요. 한의사들이 일하는 '의원'은 있었지만, 그 수가 많지 않았고 사람도 너무 많이 몰려서 제대로 치료받기가 어려운 형편이었습니다. 치료비를 낼 수 없을 만큼 가난한 사람도 많았고요.

백성의 건강을 염려한 선조는 당대 최고의 의사 허준에게 의학책을 쓰게 합니다. 의학 지식이 없는 백성들도 책을 보고 자기 상태를 파악한 뒤, 약초를 활용해 스스로 치료할 수 있게 하자면서요. 선조의 지시 아래 허준은 중국과 조선에서 나온 의학책들을 샅샅이 살피고 자료를 모았는데요. 이렇게 해서 나온 책이 『동의보감』입니다. 허준은 의학에 대한 지식이 전혀 없는 사람들을

🔍 #허준 #조선_최고_의학_전문_검색창 #의학_베스트셀러 #교과연계+선조와_광해군의_정책

위해 병의 종류와 치료법을 자세히 나누어 책을 구성했습니다. 백성들이 주변 산에서 쉽게 찾을 수 있는 약초를 효과적으로 이용하는 법도 소개했고요. 이런 처방은 가난한 사람들에게 큰 도움이 되었습니다. 의원은 돈이 없어 못 가고, 쉽게 치료할 방법도 몰라 발만 동동 구르던 백성들도 이제 『동의보감』을 보고 간단한 병 정도는 스스로 치료할 수 있게 되었으니까요.

『동의보감』에는 '웃픈' 내용도 나옵니다. 배고픔을 이기는 방법 같은 것도 기록되어 있거든요. 이를테면 "편하게 입을 다물고 혀로 위아래의 이를 핥아 침을 모아 삼키기를 하루 360번만 하면 배고픔이 사라진다" 같은 것이지요. 하루에 360번 의식적으로 침을 삼켜야 한다니, 웃음이 나면서도 당시 백성들의 삶이 얼마나 고단했는지 짐작할 수 있을 것 같아 서글퍼집니다.

허준은 과거시험인 잡과에 합격하여 의술을 공부하고 지금의 의사인 의원이 되었습니다. 실력이 뛰어났던 허준은 궁중 의사로서 활약하며 선조와 광해군의 전폭적인 지지를 받았습니다.

052

중립외교

우리는 누구의 편도 아니야, 싸우기 싫어!

조선의 왕 광해군도 뼈아픈 경험을 했습니다. 세자 시절 임진왜란을 겪었거든요. 금방 마무리될 줄 알았던 전란이 7년간 지속된 결과 수많은 사람이 죽거나 다쳤습니다. 말 그대로 나라가 풍비박산 났어요. 광해군은 무슨 일이 있어도 전쟁만은 막아야 한다고 굳게 결심하지요. 그런데 분위기가 이상하게 흘러가기 시작했습니다.

북쪽에 있던 여진족이 '후금'이라는 나라를 세우고 중국 명과 싸움을 하게 된 거예요. 그러자 명은 조선에 도움을 요청합니다. 전쟁해야 하니까 조선의 젊은이들을 전쟁터에 보내 달라는 것이었어요. 광해군이 그토록 피하고 싶었던 상황이 또 발생한 것입니다.

명의 요청을 거절하면 그만 아니냐고요? 하지만 그렇게 간단한 문제가 아니었어요. 명은 임진왜란 때 조선을 도와준 적이 있었으므로 이제는 '의리'상 조선에서 명을 도울 차례가 된 것입니다. 그러나 전쟁이 끝난 지 얼마 되지 않은 상황에서 조선의 젊은이들을 또 다른 전쟁터로 내보낸다는 것은 너무나 어려운 일이었어요. 게다가 당시 후금의 힘은 엄청났거든요. 명을 도운답시고 전쟁에 나갔다가는 조선의 많은 젊은이가 목숨을 잃을 게 뻔했습니다.

고민하던 광해군은 조용히 강홍립 장군을 불러 아주 특별한 지시를 내립니다. 명의 눈치가 보이니 일단 1만여 명의 군사를 보내 적당히 싸우는 척하다가 틈새를 보아 후금에게 몰래 항복하라고요. 강홍립은 후금과 싸우는 시늉을 하다가 후금의 장수에게 "사실은 명과의 의리 때문에 온 거예요. 우린 싸울 마음이 1도 없다고요. 정말이에요, 우리 왕의 뜻입니다"라는 말을 전했어요.

이것이 그 유명한 광해군의 중립 외교입니다. 어느 나라의 편도 들지 않고 중간적인 입장에 서서 조선의 상황에 맞게, 조선에 가장 이익이 되는 방법을 선택한 것이지요. 하지만 유학을 공부한 유학자들의 생각은 달랐나 봅니다. 명과의 '의리'를 어기고 후금과 협상한 것은 유교에서 가장 중요시하는 '예의'를 저버린 파렴치한 일이라며 광해군을 거세게 비판하기 시작했거든요.

여러분의 생각은 어떤가요? 여러분이 광해군이었다면 '의리'를 지키는 것과 조선의 실질적인 '이익'을 취하는 길 중 어떤 쪽을 선택했을까요?

Q   #광해군 #강홍립 #의리나_예의냐 #상황을_보고_판단해요 #교과연계+광해군이_펼친_중립외교

053

정묘·병자호란

인조의 고민, 백성의 안전이냐 국가의 자존심이냐 그것이 문제로다

조선은 오래전부터 북쪽에 있는 여진족을 오랑캐라고 부르며 비하했습니다. 여진족은 그러거나 말거나 슬금슬금 힘을 키우더니 어느새 나라 이름을 '후금'으로 바꾸고 중국의 '명'과 대립하기 시작합니다. 조선은 누구의 편을 들었을까요? 명의 편을 듭니다. 조선의 이런 태도는 후금의 심기를 계속 건드렸어요. 그나마 관계를 유지하던 광해군이 죽고 조선이 '명과 친하게 지내고 후금이랑은 놀지 말자'는 정책을 세우자 때를 노리던 후금은 1627년 정묘년에 조선에 쳐들어옵니다. 이 전쟁이 정묘호란이에요.

정묘호란이 발생하자 인조는 너무나 놀라서 새가슴이 됩니다. 궁궐을 버리고 강화도로 피난을 떠나지요. 그러더니 후금의 요구에 맞추어 후금과 '형제관계'를 맺고 명과 친하게 지내지 않겠다고 약속합니다.

후금은 그 이후로도 점점 더 강해져서 이름을 '청'으로 바꿉니다. 그러더니 조선에 '형제관계'가 아닌 임금과 신하의 관계인

'군신관계'를 맺자고 요구합니다. 이 일로 조선 내부는 발칵 뒤집 힙니다. 두 가지 의견으로 나뉘어 날카롭게 대립하지요. 바로 '척 화파'와 '주화파'입니다. '척화'는 '친하게 지내자는 제안을 물리 친다'는 뜻이에요. 척화파는 "어떻게 오랑캐와 친하게 지낼 수 있 지요? 싸우다 죽는 게 낫겠습니다. 명과의 의리는 어떡하시려고 요?" 하면서 청과 싸울 것을 주장했습니다. 주화파의 의견은 달 랐습니다. "객관적으로 볼 때 싸우면 무조건 조선이 집니다. 불쌍 한 백성들 피해 보게 하지 마세요. 일단 청과 군신 관계를 맺읍시 다"라고 하면서 청의 요구를 받아들이자고 주장했습니다.

인조는 '척화파'의 주장을 받아들여요. 이 사실을 안 청나라 황제는 군대를 이끌고 빠른 속도로 조선에 들어옵니다. 그러자 인조는 남한산성으로 피신했어요. 얼마 안 가 식량이 떨어지고 더는 버틸 수 없게 되자, 결국 47일 만에 청에 항복하고 군신 관계 를 맺습니다. 그 결과 죄 없는 불쌍한 백성들은 청에 노예로 팔려 갔고요. 당시 국제적인 관계를 명확하게 파악했다면, 분명 전쟁 도 피할 수 있었고 백성들 역시 피해를 보지 않았을 것입니다. 하 지만 조선 정부는 백성을 지키기보다 자존심을 지키는 쪽에 더 무게를 두었습니다. 잘못된 선택의 결과는 과연 누구의 몫으로 돌아갈까요?

Q #정묘호란 #병자호란 #후금vs명 #청의_공격 #인조_굴욕 #교과연계+조선을_침략한_청나라

북학론vs북벌론

소현세자, 학습하자!
봉림대군, 정벌하자! 조선의 선택은?

체육대회에서 우리 반이 달리기 시합에 졌다고 가정해봅시다. 이럴 때 친구들의 태도는 대개 두 가지로 나뉘는데요. 그 자리에서 시합을 한 번 더 해서 꼭 이겨버리자고 부추기는 친구들이 있고, 다음번에 이길 수 있도록 앞으로 부지런히 훈련하자는 친구들도 있습니다. 똑같은 일을 경험해도 생각은 사람마다 다를 수 있으니까요. 조선에도 그런 경우가 있었습니다.

조선 초기 변방 민족이라며 무시당했던 여진족은 무섭게 성장하더니 '후금'을 세워 조선을 압박했습니다. 명과 싸우며 강력함을 뽐내더니만 나라 이름을 청으로 바꾸고 명나라가 무너지는 틈을 타 중국 전체를 지배합니다. 그런데 이 과정에서 청은 조선을 두 번이나 공격했습니다. 마지막 공격인 병자호란의 결과, 조선은 청에 패배했고, 인조의 맏아들인 소현세자와 둘째 아들인

🔍 #병자호란 #소현세자와_봉림대군 #인조의_선택은 #교과연계+청의_침략에_맞서_싸우다

봉림대군이 인질로 끌려갑니다.

같은 일을 겪은 소현세자와 봉림대군이지만, 이후 그들이 보인 청에 관한 입장은 정반대였습니다. 소현세자는 청에 가서 그들이 예상보다 훨씬 발달했다는 것을 알게 되었어요. 조선에서는 볼 수 없던 과학기술의 산물을 보았거든요. 이에 소현세자는 "우리도 청에서 배울 것은 배우자. 특히 과학을 배워야 해"라고 강력하게 주장합니다. 이런 의견을 '북쪽을 학습하자'는 의미에서 '북학론'이라고 해요.

둘째 아들인 봉림대군의 생각은 달랐어요. 그는 병자호란 시 경험한 치욕을 도무지 잊을 수 없었어요. 아버지 인조가 청에 절을 하며 머리를 조아렸던 모습을 잊지 못했지요. 봉림대군은 무너진 조선의 성을 복구하고 다시 군사력을 키워 청에 복수해야 한다고 주장합니다. 이를 '북쪽을 정벌하자'는 의미로 '북벌론'이라고 해요. 두 사람의 의견 모두 이해가 됩니다. 게다가 이들은 나라를 이끌어갈 리더였잖아요? 여러분이라면 어떤 선택을 내릴까요?

소현세자의 갑작스러운 죽음으로 봉림대군이 인조를 이어 왕(효종)이 됩니다. 왕이 된 효종은 '북벌론'의 입장을 내세우며 군사력을 키우기 시작했어요. 조총과 화포를 만들고 무너진 성을 다시 세우고 농민들을 불러 군사훈련을 시켰지요. 하지만 청은 더욱 강해지고 있었기에 청과 싸우는 것은 현명하지 못한 선택이 되고 맙니다. 효종의 북벌운동도 끝내 결실을 맺지 못했고요.

사림

선비들이 모인 숲,
"그건 아니지요, 전하!"

준비된 사람에게는 반드시 기회가 옵니다. 그러니 아무리 노력해도 운이 따라주지 않는다며 절망하는 건 금물입니다. 준비하며 기다린 만큼 꼭 기회가 찾아올 테니까요.

조선 시대에도 기회를 기다리며 준비하고 있던 사람들이 있었습니다. 고려 말 '온건파 사대부' 기억나지요? 고려를 고쳐 쓰자고 주장하며 조선 건국에 반대했던 사람들이요. 그들은 자신의 바람과 달리 조선이라는 새 왕조가 일어나자 아예 지방으로 내려가 눈과 귀를 닫고 공부에만 열중했습니다. 이들은 지방에 많은 토지를 가지고 있었기에 경제적으로 별문제가 없었습니다. 덕분에 학문 연구에만 몰두하면서 제자들을 키울 수 있었어요. 그런데 생각해보세요. 이들의 제자가 어디 한둘로 끝났겠어요? 결국 온건파 사대부들은 지방에서 강력한 세력을 형성하게 됩니다. 이 세력을 '사림'이라고 해요. 지방의 선비들이 수풀처럼 많이 모인 집단이라는 뜻이지요.

이들은 과거시험을 통해서 중앙 정계로 진출하기 시작합니다. 왕도 훈구 세력이 너무 거대해지자 일부러 사림을 불러들여요. 훈구를 견제하도록 말이에요. 이렇게 하여 사림은 중앙 정치에 참여하면서 3사라고 불리는 홍문관, 사헌부, 사간원에 진출합니다. 3사는 왕의 자문을 맡거나 관리들을 규찰하고 국왕의 잘못을 비판하는 일을 했습니다. 일종의 언론사였던 셈입니다. 언론은 나라에서 발생하는 각종 사건이나 사고, 중요한 사실을 사람들에게 알리는 역할을 하는데, 현대에는 신문, 텔레비전, 인터넷 같은 매체가 이 일을 합니다. 언론이 어떤 내용을 사람들에게 알려주면 이를 듣거나 본 사람들은 공통된 의견을 갖게 됩니다. 우리가 언론을 중요하게 여기는 이유가 바로 이것이죠.

사림은 이제 훈구의 잘못된 행동을 비판합니다. 심지어 왕도 봐주지 않았어요. 왕이 잘못하면 바로 '그건 아니지요. 전하'라며 격렬히 비판했습니다. 당연히 훈구 입장에서는 사림의 활동이 마음에 들지 않았습니다. 훈구는 어떤 행동을 하게 될까요?

#선비의_숲 #중앙으로_진출 #훈구_견제 #언론_역할 #교과연계+중앙_정계에_등장한_사림

사화

네 번째 사화, 사림이 화를 입다!
버티는 자가 이길까?

'버티는 사람이 승리한다'는 말이 유행하던 시기가 있었어요. 꾸준히 버티면서 기다리면 언젠가 원하는 바를 이룬다는 뜻입니다. 조선 시대에도 죽기를 각오하고 버티던 사람들이 있었습니다.

조선 전기 세력을 장악한 훈구파는 건국의 공만 내세우면서 첫마음을 잊기 시작합니다. 나라를 위한 일은 뒤로 미룬 채 자신의 배를 불리는 데 집중하면서요. 이 모습을 보고 '흐음, 내 이럴 줄 알았다'고 미소 짓는 사람들이 있었습니다. 바로 사림이에요. 건국 초기 훈구파와 뜻이 달라 지방 곳곳으로 흩어져 학문을 연구하며 제자들을 키웠던 사람들입니다. 그들은 언론직에 종사하면서 '훈구가 잘못하는 점'을 끝없이 비판하기 시작했어요. 시도 때도 없이 비판당하는 처지에 놓이자 훈구파는 마침내 사림을 제거하기로 결심합니다.

이렇게 하여 우리가 역사에서 자주 보는 4대 '사화'가 일어납니다. 사화란 조선 시대에 선비나 대신들이 반대파에게 내몰려 화를 입은 사건이라는 뜻이에요. 첫 번째와 두 번째 사화는 연산군 시절에 발생했어요. 훈구파의 모함으로 무오사화와 갑자사화가 일어났고 많은 사람이 죽임을 당했습니다. 하지만 연산군은 폭력적인 정치로 쫓겨나고 그다음으로 중종이 왕이 됩니다.

중종은 왕위에 오른 뒤 훈구 세력이 더는 힘을 키우게 두면 안 되겠다고 생각해요. 그래서 이들을 견제하려고 지방에 있던 사림을 불러들입니다. 그중, 가장 유명한 사람이 조광조예요. 그는 사림을 대표하며 중종을 도우며 함께 일을 많이 했습니다. 당연히 잔소리도 많이 했겠네요. 하지만 좋은 소리도 자꾸 들으면 짜증이 나는 법, 중종은 결국 빠른 개혁을 촉구하던 조광조에게 등을 돌립니다.

조광조가 사약을 받으면서 사림이 크게 피해를 보는 세 번째 사화가 발생합니다. 이쯤 되면 훈구파도 지칠 법한데요, 명종 때, 마침내 네 번째 사화가 일어나 사림이 또 한 번 엄청난 피해를 보게 됩니다.

이 정도면 사림은 더는 존재하지 않을 것 같지만…. 정말 끝까지 버티는 사람이 승리하나 봐요. 사림은 원래 지방에서 빵빵한 경제력을 가지고 학교를 운영하며 제자를 기르고 있었잖아요. 아무리 중앙에서 사림을 없애고 없애도 사림은 지방에서 제자를

Q   #선비_사 #선비들이_입은_화 #중종_사림_소환 #버티면_이긴다 #교과연계+사림의_약화

공부시키고 양성했으니 똑똑한 제자들이 계속 중앙으로 진출할 수 있었어요. 그러더니 결국 사림이 중앙을 장악하는 때가 옵니다. 선조 때에 이르러 사림은 탄탄한 지방 세력을 기반으로 훈구를 몰아내고 중앙 정치까지 완전히 장악하게 됩니다. 선조는 이들과 함께 국정을 어떻게 다스리게 될까요?

훈구를 견제하기 위해 조광조를 등용했던 중종! 하지만, 결국 중종을 매정하게 내치기도 합니다. 처음엔 조광조와 함께하는 경연 자리를 기다리고 입사 3년 차인 조광조에게 비서실 차장급의 관직도 주었는데 말이에요. 하지만 조광조가 "연산군의 총애를 받았거나 공이 없는 공신은 자격을 박탈하세요!"라고 주장했고, 이에 많은 공신들이 분노하자 중종은 공신의 편을 들어요. 나라를 어지럽게 했다는 명목으로 갇힌 조광조는 애절한 절명시를 남기고 죽습니다. "임금 사랑하기를 어버이 사랑하듯이 하였고, 나라 걱정을 내 집 걱정하듯 했노라"라는 뜻의 시예요. 중종에게 조광조는 어떤 존재였을까요?

붕당
친구 붕, 동아리 당
민주주의 정당의 시초

아무리 같은 반이라고 해도 다 같이 친한 건 아닙니다. 누군가는 더 좋고 누군가는 별로 관심이 가지 않아요. 그러다 보면 친구들 사이에 무리가 만들어집니다. 무리 지어 영화도 보러 가고, 운동 경기에도 참여하고, 여행도 가고 그러는데요. 학생들 사이에서만 무리가 만들어지는 건 아닙니다. 어른들도 마찬가지입니다.

조선에서도 무리 짓기는 아주 흔한 일이었어요. 중앙 정치를 장악했던 사림은 마음이 맞는 친구들끼리 무리를 형성합니다. 이를 '붕당'이라고 불러요. '친구들의 무리'라는 뜻이지요. 붕당을 만드는 기준은 크게 두 가지였어요. 첫째가 "너 어느 학교 출신이야? 너 어떤 선생님한테 배웠어?"이고, 둘째는 "너는 어떤 정치 성향을 갖고 있어? 너는 무엇이 옳다고 생각하니?"라는 것이었습니다. 조선 시대의 붕당은 이 같은 기준에 따라 처음엔 '동인'과 '서인'으로 나누어졌다가, 동인은 다시 '북인'과 '남인'으로, 서인은 '노론'과 '소론'으로 나누어집니다.

대체 어떤 사건이 있었기에 고매하신 선비들이 서로 편을 가르게 되었을까요? 답은 '이조전랑 사건'입니다. 이조전랑은 엄청 높은 관직은 아니었지만, 특권이 있었습니다. 바로 '언론'을 담당하는 관리를 뽑는 권한이 있었던 거예요. 언론이 내용을 어떻게 보도하느냐에 따라 사람들의 인식이 바뀌는 터니, 언론의 중요성은 예나 지금이나 두말할 필요가 없습니다. 그러니 언론을 담당하는 관리가 '내 편'이라면 얼마나 든든하겠어요? 엄청난 잘못을 저질렀을 경우 "조금만 봐줘. 다음엔 정말 잘할게" 하면서 부탁을 할 수도 있으니까요. 그래서 모두 이조전랑의 자리에 앉고 싶어 했답니다. 자연스레 다툼이 벌어질 수밖에요. 이 사건을 계기로 조선에서는 본격적인 붕당 정치가 시작됩니다.

그런데 붕당이 꼭 나쁜 걸까요? 사실 붕당 자체는 나쁜 게 아닙니다. 좋은 나라를 만들고 싶지만, 그 방법이 서로 다를 수 있으니까요. 방법이 다르면 충분한 합의와 토론을 통해 더 좋은 정치를 해나가면 됩니다. 이게 바로 민주주의의 기반이잖아요? 초반에는 붕당이 서로의 장점을 인정하고 건전하게 비판하면서 공존했습니다. 그러나 점차 자기 당의 이익만 앞세우기 시작하면서 문제가 발생하게 됩니다.

🔍 #붕당정치 #동인_서인 #편을_갈라 #이조전랑 #합의와_토론 #교과연계+사림과_붕당의_형성

예송논쟁

조선시대 최고의 배틀,
단순한 문제가 아니야!

유교 국가였던 조선은 '예절'을 중요하게 여겼습니다. '예의가 있
냐, 없느냐!'를 문제 삼아 커다란 논쟁이 발생했을 정도로요. 오
늘날 우리의 시각으로 보면 참 쓸데없는 일로 싸운다 싶지만, 시
대마다 사람들이 중요하게 여긴 것들이 다르게 마련이니, 우선
선조들의 이야기를 한번 들어봅시다.

예의에 관련한 논쟁인 '예송논쟁'은 인조 대부터 시작되었습
니다. 인조는 부인이 죽자 44살의 나이에 15살 어린 왕비를 맞이
했습니다. 인조의 아들 입장에서는 자신보다 어린 새엄마를 맞이
한 셈입니다. 더 큰 문제는 인조의 뒤를 이은 효종이 첫째 아들이
아니라는 점이었습니다. 원칙대로 하자면 인조가 첫째 아들인 소
현세자가 죽었으니 그의 아들(인조에게는 첫 번째 손자)에게 왕위
를 물려주어야 했거든요. 인조의 새로운 왕비인 '자의대비'는 어
렸고 효종은 둘째 아들이었다는 것이 문제가 된 것입니다.

첫 번째 예송논쟁은 효종이 죽고 그 아들인 '현종'이 왕이 되

었을 때 발생합니다. 효종이 죽자 효종의 새엄마인 자의대비가 상복을 몇 년 입어야 하는지를 가지고 붕당 간 다툼이 발생한 거예요. 원래 왕이 죽으면 왕의 엄마는 3년 동안 상복을 입어야 했어요. 그래서 남인은 자의대비가 3년 내내 상복을 입어야 한다고 주장합니다. 하지만 서인은 효종이 둘째 아들이기 때문에 자의대비는 1년만 상복을 입는 게 옳다고 주장합니다. 현종은 자기 아버지를 둘째 아들이라고 무시하는 것 같은 서인이 알미웠지만 이제 막 왕이 된 처지다 보니 강력한 서인의 말을 무시할 수 없었습니다. 그래서 자의대비가 상복을 입는 기간을 1년으로 결정합니다.

얼마 뒤 두 번째 예송논쟁이 발생합니다. 이번엔 효종의 부인이자 현종의 엄마가 죽었어요. 이때 다시 한번 자의대비가 몇 년 상복을 입어야 하는가를 두고 논쟁이 벌어집니다. 서인은 효종이 둘째 아들이니, 둘째 아들 며느리가 죽었을 때는 9개월만 상복을 입는 게 옳다고 이야기합니다. 하지만, 남인은 효종이 둘째라도 왕이었으니 자의대비가 1년 동안 상복을 입어야 한다고 주장했어요. 현종은 이번에 남인의 편을 들어요. 이로써 남인의 세력이 강해지고 서인의 세력은 약화됩니다.

혹시 '뭐 저런 걸 가지고 싸워?'라고 생각하셨나요? 그런데, 불과 몇 년 전만 해도 여학생들은 꼭 단발을 해야 했고, 남학생들

#자의대비 #상복을_몇_년_입을까 #효종 #현종 #서인 #남인 #교과연계+붕당정치의_변질

은 스포츠머리를 해야 했답니다. 경찰들이 줄자를 들고 다니며 미니스커트를 입은 여성을 단속하던 시절도 있었고요. 이렇게 시대마다 사회적으로 중시하는 규칙들이 있고, 이것들은 시간이 지나면서 점차 변화하기도 합니다. 시대에 맞는 눈을 가지고 사건을 바라보고 이해하는 지혜가 필요하겠지요?

역사를 보면 반드시 첫째 아들이 왕위를 물려받는 경우가 생각보다 많지 않습니다. 세종도 세조도 광해군도 모두 적장자가 아니었으니까요. 하지만 효종이 죽고 난 뒤에는 효종이 둘째였다는 것이 큰 문제가 되었지요. 이는 인조의 잘못된 행동에서 시작됩니다. 인조는 소현세자가 석연치 않은 죽음을 당한 뒤에도 소현세자의 아들에게 왕위를 물려주지 않아요. 오히려 소현세자빈에게 누명을 씌워 사약을 내렸고, 자신의 손자이자 소현세자의 아들들을 제주도로 귀양보내 죽게 두지요. 인조는 자신의 아들, 며느리, 손자들에게 왜 이리 냉혹했을까요? 조선왕조실록을 아무리 읽어봐도 답을 알 수 없어 답답합니다. 이렇듯 답을 알 수 없는 인조의 행동은 결국, 소현세자의 아들을 적절한 후계자라고 생각했던 관료들의 반발을 샀어요. 이것이 후에 예송논쟁으로 이어집니다.

환국
나 숙종인데,
나라의 분위기를 좀 바꿔볼까 해!

어느 시대 어느 나라에나 정치가들 사이에는 다툼과 경쟁이 있었습니다. 구성원을 위하는 마음은 같을지라도 '어떻게 잘할까?' 하는 방법에는 차이가 나게 마련이니, 서로가 자기 생각을 밀어붙이다 보면 충돌이 따를 수밖에요. 조선에서도 이와 같은 상황이 오래 계속되었습니다. 학급에서 아이들이 서로 싸우면 담임선생님은 속상합니다. 친구들끼리 사이좋게 잘 지내는 게 바람이니까요. 조선 시대의 왕들도 신하들이 서로 돕고 소통하며 지내기를 원했습니다. 하지만 왕들의 소망은 쉽게 이루어지지 못했어요.

사림이 중앙 정치에 등장한 뒤, 마음 맞는 사람들끼리 무리를 형성했다고 했지요? 이를 '붕당'이라고 했습니다. 대표적인 붕당으로는 동인, 서인, 남인이 있었습니다. 붕당은 요즘 개념으로 보자면 정당과 비슷합니다. 학문적인 이론의 차이로 입장이 갈리는 것이 시작이었지만, 결국 정치를 어떻게 하는가로 파가 나뉘었으니까요.

우여곡절 끝에 숙종 대에 이르러서는 서인과 남인이 정권을 장악했는데요. 이들은 눈만 마주치면 으르렁거리는 사이가 돼버립니다. 물론 처음부터 그런 것은 아니에요. 초기에는 서로를 인정했지만, 시간이 흐르면서 존재 자체를 인정하지 않게 된 거죠. 붕당들의 기 싸움 때문에 가장 골치 아픈 사람은 왕 자신이었습니다. 심지어 왕은 붕당의 눈치까지 살펴야 했답니다.

고민 끝에 숙종은 상황을 해결할 굿 아이디어를 생각해냅니다. 붕당의 싸움을 막고, 왕권을 강화해줄 칼을 빼어 든 것입니다. 바로 '환국換局'이에요. 환국換局은 말 그대로 분위기局를 바꾸는換는 것입니다. 어느 한 붕당이 너무 오래 지나치게 강한 권력을 갖고 있다 싶으면 하루아침에 집권당을 싹 바꿔버리는 거죠. 예를 들어 서인이 너무 커졌다 싶으면 다음 날 모든 정치적인 힘을 남인에게 몰아주는 식으로요. 숙종은 그만큼 환국에 진심이었습니다. 과연 붕당은 싸움을 그만두었을까요?

아닙니다! 정권을 잡은 당은 또 언제 쫓겨날지 모른다는 두려움에 정권을 잡자마자 상대방에게 가혹한 복수를 하느라 바빴거든요. 숙종은 환국을 통해 잠시 왕권을 강화할 수 있었지만, 붕당의 정치적 균형은 완전히 무너집니다. 조선의 정치는 더욱더 혼란스러워지고요.

🔍 #붕당 #숙종_왕권_강화 #분위기를_바꾸자 #환국에_진심 #혼란 #교과연계+붕당정치의_변질

060

탕평책

탕탕! 평평! 할아버지 영조와 손자 정조의 같고도 다른 정책

급식으로 꼭 한 번쯤 나오는 '탕평채'를 아시나요? 탕평채는 조선 영조 때 당파들끼리 싸우지 말고 협력하자는 탕평책을 논의하는 자리에 처음 등장한 음식입니다. 가늘게 채를 썬 녹두묵, 삶은 숙주와 푸릇한 미나리, 갖은양념을 해서 볶은 고기, 얇은 황백지단, 그리고 잘 구워서 부수어 넣은 김이 어울린 탕평채에는 비밀이 하나 숨어 있습니다.

숙종은 환국이라는 비상책을 쓰면서 당쟁을 막고 왕권을 강화하려 노력했지만 큰 효과는 없었습니다. 뒤를 이어 왕위에 오른 영조는 숙종과 전혀 다른 정책을 내세웁니다. 당파 간의 싸움을 막으려고 어느 한쪽을 시소에 태워 올렸다 내렸다 하는 것이 아니라 당파를 막론하고 인재를 고루 선발하는 정책을 펼친 것입니다. 영조에 이어 왕이 된 정조도 할아버지의 뜻을 받아들였고요. 이 두 사람의 정책을 '탕평책'이라고 합니다.

할아버지 영조는 탕평의 의지를 담은 비석을 세울 만큼 강력

한 탕평책을 실시합니다. 각 붕당에서 사람을 골고루 뽑아 관리로 지명했지요. 동시에 자신의 탕평책을 지지하는 신하들과 손을 꼭 잡습니다. 이렇듯 왕권을 강화함과 동시에 강력한 탕평책을 추구하다 보니 영조의 옆에는 임금의 뜻에 무조건 따르는 사람들만 남게 되었어요. 붕당 간의 싸움은 전보다 줄어든 것처럼 보였습니다. 하지만 영조의 강력한 기운에 눌려 붕당이 눈치를 보았던 것일 뿐, 붕당 간의 근본적인 문제는 해결되지 않은 상태였습니다.

손자 정조는 할아버지와는 같은 듯 다른 탕평책을 펼쳤습니다. 강력한 왕권을 바탕으로 신하를 골고루 등용한 것은 같지만, 왕의 의견이나 붕당과 상관없이 옳고 그름을 명확하게 판단할 수 있는 현명한 신하들만 곁에 두었던 점은 영조와 다릅니다. 심지어 정조는 자신에게 늘 반대하는 신하와도 소통하며 정치적으로 함께 일했어요. 각 붕당의 세력보다 개인의 능력을 훨씬 더 중요하게 여긴 거예요. 요즘 식으로 하면 당을 보지 않고 사람을 본다, 라는 식이었지요.

왕이 정치의 중심에 있을 때나 국민이 정치의 중심에 있을 때나 정치하는 사람들에게 바라는 것은 똑같습니다. "싸우지 말고 국민을 위해서, 나라를 위해서 일해주세요."

Q #탕평채 #협력_협치 #영조와_정조 #같은_듯_달라 #교과연계+탕평정치의_시작

061

사도세자
영원히 뒤주에 갇힌 슬픈 마음

영조의 뒤를 이은 것은 영조의 손자였던 정조입니다. 영조는 아들이 있었는데, 왜 아들이 아닌 손자가 영조의 뒤를 이었을까요?

영조는 42살이라는 늦은 나이에 귀한 아들을 얻습니다. 하지만 자식은 부모 마음대로 안 되는 게 국룰인가 봅니다. 사도세자는 영조의 기대와 달리 학문을 익히기보다는 무술과 그림에 더 재능이 많았습니다. 영조는 이 모습이 너무나 마음에 들지 않았어요. 늘 무수리의 아들이라는 자괴감에 시달렸던 영조는 자식만큼은 관료들에게 무시당하지 않길 바랐고, 그러려면 세자가 학문에 능통해야 한다고 생각했기 때문입니다. 결국 영조와 사도세자 사이에 조금씩 금이 가기 시작합니다.

얼마 후 두 사람의 사이가 완전히 깨져버린 일이 발생합니다. 영조는 사도세자에게 후계자 교육의 하나로 '대리청정'을 시켰습니다. "왕인 이 애비를 대신하여 네 마음껏 정치를 해보거라" 하면서요. 그런데 영조는 사도세자를 온전히 믿지 못했고, 뒤에서 일일이 간섭하기 시작합니다. 사도세자는 신하들의 요구를 거절하면 거절한 대로, 들어주면 들어주는 대로 영조에게 꾸중을 들었습니다. 원래 부모님의 따뜻한 말 한마디가 큰 위로가 되는 법인데, 칭찬은커녕 야단만 맞았으니 사도세자의 마음에 멍이 들기 시작합니다. 사도세자와 영조의 사이도 점점 더 멀어졌고요.

이후, 사도세자가 점차 이상행동을 하기 시작합니다. 아버지를 만나러 갈 때면 너무나 불안해하면서 옷 입기를 거부했는가 하면, 심각할 만큼 우울증도 깊어졌어요. 사도세자가 장인이었던 홍봉한에게 보낸 편지를 보면 그때 상황을 짐작할 수 있습니다. "저는 원래 남모르는 울화의 증세(우울증)가 있습니다. 그런데 임금(영조)을 뵙고 나니 긴장되고 우울함이 극에 달해 답답해서 미칠 것 같습니다." 사도세자의 아픈 마음이 고스란히 전해지는 것 같죠?

그 뒤로 사도세자는 여러 가지 죄를 지었습니다. 이유 없이 관리를 죽이기도 하고, 자신의 후궁을 살해하기도 했지요. 사도세자의 잘못된 행동은 멈추지 않았고, 아들의 병이 나을 기미가 없다고 판단한 영조는 사도세자를 뒤주에 가둬버립니다.

뜨거운 여름, 뒤주에 갇힌 사도세자는 8일 만에 숨을 거둡니다. 영조는 세자가 죽은 뒤, '사도'라는 이름을 붙여줘요. '너를 생

#영조와_정조_사이 #사도 #돌이킬_수_없는 #교과연계+영조와_사도세자

각하며 슬퍼하다'라는 의미입니다.

그런데 이 모든 일을 다 지켜보고 있던 11살짜리 소년이 있었어요. 11살 소년은 어른이 되어 영조의 뒤를 잇는 정조가 됩니다. 정조는 왕이 되자마자 신하들을 불러두고 이렇게 말합니다. "나는 사도세자의 아들이다." 이 서슬 퍼런 한마디에 관료들은 불안에 떨게 됩니다.

무예에 뛰어난 소질을 보였던 사도세자는 『무예신보』라는 무예서를 편찬했습니다. 『무예신보』는 임진왜란 이후 무예를 연구할 필요성을 느낀 선조가 편찬한 『무예제보』를 보충하고, 18기의 무술을 정리하여 만든 책이에요. 『무예신보』는 동작마다 글과 그림을 함께 넣어 실전에 사용할 수 있는 실용적인 무예서였죠. 이를 통해 지역별, 군대별로 달랐던 무예교육을 체계적으로 정리할 수 있었습니다. 영조는 이를 못마땅하게 생각했지만, 사도세자의 아들이었던 정조는 아버지의 책을 보충하여 『무예도보통지』를 만들었습니다. 이렇게 조선군의 공식 무예서가 탄생했어요.

062

암행어사

숨어서 하는 순찰,
가족에게도 비밀이에요

조선 시대에는 아주 특별한 관직이 있었습니다. 보통 이조라는 부서에서 관리들을 다루었다면 이 관리만큼은 왕이 직접 임명하고 또 왕에게서 해야 할 일을 받아 비밀리에 업무를 수행했답니다. 뭔가 멋지고 흥미로워 보이지요? 이들을 '암행어사'라고 합니다.

암행어사는 몰래 지방을 돌아다니며 나쁜 짓을 일삼는 관리를 찾아내고, 억울한 누명을 쓴 죄인의 문제를 해결해주고, 효심이 깊은 사람들에게는 상을 주는 역할도 했습니다. 드라마나 영화에서 종종 본 '암행어사 출두' 장면을 기억하시죠? 말이 그려진 동그란 마패를 턱 보여주면 사람들이 막 벌벌 떨잖아요. 하지만 암행어사라는 직무는 드라마처럼 멋있지 않았습니다.

우선 암행어사로 임명되면 가족에게도 말하지 못했어요. 먼 지방으로 긴 출장을 떠난다고 가족들과 작별 인사라도 할라치면

Q #비밀_직책 #어명을_받들죠 #왕의_사랑_듬뿍 #그래도_힘들어 #교과연계+조선의_통치체제_정비

금방 소문이 나서 '암행어사'라는 걸 들킬 수도 있었으니까요. 암행어사 신분이 탄로 나면 누군가에게 해코지를 당할 수도 있고, 암행어사가 오기 전에 잘못을 감쪽같이 숨겨 놓을 수도 있으니 비밀을 엄수해야 했죠. 이들은 대부분 먼 지방으로 순찰을 떠났기에 주로 말을 타고 다녔습니다. 이때 왕은 암행어사에게 '마패'라는 일종의 '말 이용권'을 주었어요. 관리가 받은 마패에 그려진 말의 마릿수에 따라 빌릴 수 있는 말도 정해졌답니다. 하지만 정체가 알려질까 봐 암행어사에게 말을 많이 빌려주지는 못했대요. 그래서 말이 부족한 암행어사들은 산속을 하염없이 걷기도 했는데, 그 와중에 호랑이한테 물려 죽거나 지쳐서 죽는 사람도 많았답니다. 겨우 해당 지역에 도착한다고 해도 비밀 순찰 때문에 맘 편히 쉬지도 못했고요.

암행어사들은 임무가 끝나면 해당 지방에서 벌어진 일을 왕에게 자세히 보고했어요. 왕은 이를 토대로 나쁜 관리에게는 벌을 주고 좋은 일을 한 사람에게는 상을 주었습니다. 왕의 특명을 받아 비밀 출장을 떠나고, "어명이다"라고 외치면서 부패한 관리들을 혼내주는 맛도 괜찮았지만, 가족들과 생이별을 해야 하고, 길고 험난한 길도 마다할 수 없었으니, 명예롭긴 해도 마냥 행복한 일은 아니었을 것 같습니다.

암행어사는 왕의 신뢰와 사랑을 받는 사람이었어요. 왕이 일을 믿고 맡길 수 있으며 왕의 고민을 잘 이해해야 했기 때문이지요. 또 경험이 너무 많은 관리보다는 적당한 경험이 있는 사람을 선호했어요. 경험이 많으면 전국에 아는 사람도 많으니까요! 그리고 무엇보다 아주 건강한 사람을 선호했답니다.

063

금난전권
최저가 비교는 필수야,
비싸게 사기 싫어!

물건을 구매할 때 '최저가 비교'를 해본 적 있을 거예요. 똑같은 물건이지만 판매하는 사이트에 따라 가격에 차이가 나는데요. 우리 조상님들에겐 대형마트도 없고, '다나와닷컴'이나 '에누리닷컴'이 없었기에 최저가 비교를 하기가 어려웠습니다. 게다가 조선은 상업보다 농업을 우대했던 국가여서 '장사' 일을 관리하는 데 매우 엄격했답니다. 마음대로 상인이 될 수 없었고, 팔고 싶은 품목을 딱 골라 가게를 열 수도 없었습니다.

조선에서는 나라에 허락을 받은 시전상인만 물건을 판매할 수 있었어요. 이들은 비단, 모시, 종이 등 생활에 가장 필요한 물건을 판매했는데요. 조정에서는 시전상인에게 장사를 허락해줌과 동시에 '금난전권'이라는 혜택을 주었습니다. '난전亂廛', 즉 나라에 허락을 받지 않고 자기 멋대로 물건을 파는 사람을 보면 거기서 물건을 빼앗을 수 있는 권리를 준 것입니다. 조선은 왜 이런 방법을 택했을까요? 더 많은 사람이 농사를 짓게 되기를 바랐기 때문입니다. 조선은 그때까지만 해도 여전히 '농자천하지대본農者天下之大本'이라며 농사를 나라의 기본 산업으로 삼고 있었지요.

하지만 문제가 발생합니다. 시전상인들이 마음대로 물건 가격을 올리기 시작한 거예요. 물건 가격이 올라도 다른 곳에서는 살 수 없으니 어쩌겠어요? 사람들은 눈물을 머금고 비싼 가격에 물건을 구매했습니다.

그 배경을 잠시 볼게요. 조선 후기로 갈수록 농민보다 상인의 인기가 더 커졌는데요. 사람들이 쌀만 재배하지 않고 시장에 내다 팔아 돈으로 바꿀 수 있는 담배나 인삼 같은 특용작물을 키우기 시작했기 때문입니다. 이때부터 사람들은 자기가 재배한 상품을 나라의 허락 없이 시장에서 팔았고, 시전상인들은 '금난전권'을 발휘하여 장사하고 있는 사람을 잡아가는 불미스러운 일이 많아졌습니다. 하지만 시전상인들의 금난전권 행사가 계속되자 사람들의 불만이 더욱 커집니다. 물건을 팔아 간간이 생계를 유지했던 상인들과 난전이 없어지면 비싼 물건을 시전상인에게서만 사야 하는 백성들 모두 속이 상했지요.

이에 정조는 시전상인에게 주었던 금난전권을 빼앗아요. 그 후 사람들은 자유로운 시장 활동을 할 수 있었고, 조선의 산업은 한 단계 더 성장합니다.

> 🔍 #상업보다_농업 #허가받은_시전상인 #난전은_어쩌나요 #교과연계+정조가_실시한_개혁정치

064

과거시험

수능은 매년, 과거는 3년에 한 번 시행되는 논술형 시험

대한민국에서는 매년 11월 아주 큰 행사를 치릅니다. 수많은 학생과 학부모들을 긴장하게 만드는 '수능'이지요. 우리나라의 수능은 비행기의 운항마저 잠시 보류시킬 만큼 중요한 행사입니다.

고려, 조선 시대에도 '수능'만큼 중요한 시험이 있었습니다. 여러분도 잘 아는 '과거'입니다. 과거는 나라에서 일할 수 있는 관리를 뽑는 시험이었으니까 지금으로 치면 공무원 시험이나 마찬가지입니다.

과거시험은 고려 초기 네 번째 왕이었던 광종이 처음 실행했어요. 왕권을 강화하기 위한 방법으로 똑똑하고 현명한 관리들을 직접 뽑아 곁에 두려는 뜻이었습니다. 왕이 시험문제를 낸 뒤 직접 관리를 뽑아 쓰는 형식이었으니, 과거시험을 통해 뽑힌 관리들은 당연히 왕에게 충성을 다했겠죠? 이렇듯 과거는 왕의 힘을 강화해주었답니다.

조선 시대에는 보다 체계적으로 과거시험이 실시되었어요.

조선은 과거시험을 세 분야로 나누었습니다. 왕 옆에서 일하는 문관을 뽑는 문과, 군사를 키우고 통솔하는 신하를 뽑는 무과, 그리고 기술직을 뽑는 잡과입니다. 이 중 가장 인기가 많은 분야는 문과였습니다.

지금의 수능과 조선 시대의 과거를 비교해볼까요? 수능은 매년 1번 시행되지만, 조선의 과거는 3년에 1번 시행되었습니다. 그뿐만 아니에요. 수능은 답을 고르는 객관식이지만 과거는 '논술형'이었답니다. 그리고 주로 이런 문제가 나왔어요. "법이 제정되면서 폐단도 함께 발생하는데 이를 해결할 대책을 답해라." "인재를 등용할 방법을 말해보라."

답을 골라내는 객관식 문제가 더 좋을 것 같기도 하고 다양한 생각을 펼칠 수 있는 논술형이 더 좋을 것 같기도 하고…. 어쨌든 쉽지 않은 시험인 것은 분명합니다.

한편, 과거의 끝판왕인 '대과'의 합격자는 33명뿐이었습니다. 그래서 과거에 합격하기 위해 부정행위가 발생하기도 했는데요. 몰래 책을 가져와 베끼거나 돈을 주고 똘똘한 사람을 사서 대신 시험을 치르게 하는 일도 있었다고 해요. 이런 좋지 않은 사례가 생기자 부정행위를 단속하게 되었고, 이때 단속하는 관리에게 돌을 던지는 웃지 못할 에피소드도 발생했습니다.

🔍 #조선_과거제도 #광종 #왕권_강화 #문과_무과_잡과 #교과연계+조선의_학교_설립과_관리_선발

조선 시대나 현재나, 과거든 수능이든, 공무원 시험이든 면허증 시험이든, 어떤 종류든 일단 시험을 치르면 합격하고 싶고, 이왕이면 높은 점수로 붙고 싶어집니다. 말도 많고 탈도 많지만, 그나마 시험이 가장 객관적이고 정직한 평가라는 의견도 있는데요. 여러분은 어떻게 생각하세요?

과거는 중국 후주에서 귀화한 쌍기의 건의로 고려 광종 때에 처음 시행됩니다. 이전까지만 해도 관리를 뽑는 기준이 명확하지 않았거든요. 하지만 과거를 시행하면서부터 왕은 시험에서 최종적인 '선발권'을 가질 수 있었습니다. 이는 왕이 자신의 뜻에 맞는 인재를 선발할 수 있다는 것을 의미합니다. 이로써, 기존의 개국 공신 세력 대신, 유교를 익힌 새로운 관리를 등용할 수 있었답니다. 왕의 선발권이 반영되지 않은 관리보다는 왕이 선발한 관리가 더욱 왕에게 충성했겠지요? 왕은 자신에게 충성하는 유능한 관리를 뽑을 수 있게 된 것입니다.

065

유향소

이 동네는 처음이라…
수령을 도와 지방자치를 이루자!

여러분, 한 번도 가본 적 없는 낯선 지역으로 이사했던 경험이 있나요? 새로운 곳에 가면 두근두근 설렘도 있지만 불편함도 많습니다. 사람도 환경도 익숙하지 않으니 PC방 하나 가는 것도 영 어색하잖아요. 그때 해당 지역에 아는 사람이 하나 있다면 정말 든든하겠지요?

조선에도 물설고 낯선 지역에 어느 날 툭 떨어지는 사람이 있었습니다. 왕이 각 지방에 파견하는 '수령'입니다. 왕은 전국에서 벌어지는 모든 일을 샅샅이 알고 싶어 했지만, 이런 소망을 이루는 건 꿈에서나 가능한 일이었지요. 그래서 왕은 자신의 눈과 귀와 입이 되어줄 수령을 각 지방에 파견했는데요. 이때 수령의 출신 지역이 어디인지, 어떤 스승에게 공부했는지, 이런저런 관계로 아는 사람이 누가 있는지 등등 자세히 살폈습니다. 그러고는 아는 사람이 한 명도 없는 지역으로 수령을 파견했습니다. 만에 하나 고향으로 발령이 나면 어떤 일이 발생할까요? 고향 친구들,

가족들, 이웃들이 "한 번만 봐줘!" "우리 친구잖아!" "앞으로는 정말 조심할게"라면서 수령에게 무엇인가를 부탁할 게 뻔했으니까요. 이런 문제를 방지하기 위해 수령들은 처음 가보는 지역으로 출장을 가야 했어요.

그런데 이 방법에도 문제가 있었습니다. 자신이 맡은 지역에 관한 정보가 전혀 없다 보니 일하기가 너무 힘든 겁니다. 심지어 사투리가 심한 지역에서는 사람들의 말을 알아듣는 것조차 어려웠지요. 그래서 '유향소'가 등장합니다. 유향소는 각 지방에 있는 기구로 선비들이 만든 것입니다. 선비들은 유향소에서 활동하며 수령을 도왔어요.

특히, 유향소는 회의를 주기적으로 열고 지방 사람들의 의견을 모아 수령에게 전달했어요. 이로써 왕이 수령을 통해 일방적으로 명령을 내리는 식으로 지방을 다스린 게 아님을 알 수 있습니다. 지방에 사는 백성들은 각자 자기 지역 일에 자율적으로 참여하고 필요한 사항을 자유롭게 주고받으며 유향소를 통해 그 의견들을 수령에게 전달했습니다. 조선 시대에 이미 지방자치제도를 활성화했던 셈이지요? 지방민의 자율적 참여를 장려하고 지방의 의견을 중앙에 전달했다는 점을 보았을 때 이미 '민주주의'의 한 측면을 만들어내고 있었다는 것을 알 수 있네요.

Q #조선_과거제도 #광종 #왕권_강화 #문과_무과_잡과 #교과연계+조선의_학교_설립과_관리_선발

066

향약

정약용은 왜 도둑보다 향약이 더 나쁘다고 했을까

새로운 학기가 시작되면 각 학급에서는 '우리 반 약속'을 만듭니다. 선생님이 학생에게 지켜야 하는 약속, 학생이 선생님에게 지킬 약속 등을 함께 정하지요. 모두가 더 안전하고 사이좋게 학교생활을 할 수 있도록요.

조선 시대의 시골에도 마을 사람들끼리 지켜야 하는 약속이 있었습니다. 이를 '향약'이라고 해요. '향촌에서 지켜야 하는 약속'을 의미하는데요. 향약의 내용은 마을마다 조금씩 달랐어요. 어떤 마을은 구성원 모두가 잘살도록 돕는 것을 주된 내용으로 삼는가 하면, 어떤 마을은 무조건 도덕적으로 훌륭한 공동체가 되는 것을 목표로 삼기도 했습니다. 하지만 향약이 추구하는 큰 그림은 같았습니다. 좋은 일은 서로 칭찬해야 하고, 잘못한 일을 하면 꾸짖어야 하며, 모두 예의 바르게 행동해야 하고, 어려운 상황에 있는 사람은 반드시 도와야 한다는 것이지요. 향약을 지키지 않는 사람은 마을에서 쫓아내기도 할 만큼 향약은 마을 사람들 모두에게 매우 중요한 약속이었습니다.

향촌은 왜 이런 약속을 정했을까요? 가장 중요한 이유는 향촌의 안정과 질서 있는 사회를 만들기 위해서였지만, 한편으로 양반들이 농민들을 다스리고 통제하기 쉽도록 제정한 측면도 있습니다. 향약의 내용 중에도 농민들이 양반에게 예의를 지켜야 한다는 점이 강조되었는데, 예의를 지키지 않으면 벌을 받았으니 농민들은 자연스레 양반의 미움을 사지 않도록 조심해야 했습니다.

처음 향약을 만들 때만 해도 목적과 방향이 매우 바람직했습니다. 어려운 사람을 도와주고 서로 예의 바르게 행동하며 다 같이 좋은 일을 하자는 것이잖아요. 하지만 시간이 흐르면서 목표가 변질되기 시작합니다. 양반들이 향약 조항을 들먹이며 농민들을 가혹하게 통제한 거예요. 심지어 농민의 재산을 빼앗으며 괴롭히는 양반도 있었습니다. 오죽하면 정약용이 "도둑보다 향약이 더 나쁘다"라고 이야기했을까요?

인류의 편의와 정의를 위해 만든 규칙이나 법들이 누군가에 의해 잘못 쓰이면서 도리어 사람을 해치거나 부당한 상황에 빠트리는 경우가 많은데요. 여러분이 주인이 되는 세기에는 이런 문제점들을 하나하나 개선하고 부족한 점은 보완하면 좋겠습니다.

Q #향촌의_약속 #안정과_질서 #통제의_방법 #변질된_목적 #교과연계+향약이_보급되다

세도정치

안동 김씨 여기여기 붙어라,
풍양 조씨 저기저기 붙어라

우리나라 법에 국회의원과 대통령은 '김씨'만 할 수 있다는 조항이 있다고 가정해봐요. 상상하는 것만으로도 화가 납니다. 그런데 조선에서는 힘이 있는 몇몇 가족이 정권을 장악하고 권력을 휘둘렀던 시기가 있었습니다. 이때를 '세도정치기'라고 합니다. 왕에게 이래라저래라하는 가문도 나왔는데요, 대표적인 집안이 '안동김씨'와 '풍양조씨'입니다.

조선 후기에는 갑작스럽게 왕이 죽는 경우가 많았습니다. 그러다 보니 어린 왕세자가 왕위를 이어받는 경우도 한둘이 아니었어요. 어린아이가 복잡한 나랏일을 하는 것은 도무지 말이 안 되었으니 어린 왕의 엄마가 대신 정치를 하곤 했습니다. 바로 '수렴청정'이에요. 드라마나 영화에 어린 왕을 용상에 앉힌 채 큰 가림막 뒤에 앉은 왕비가 뭐라 뭐라 하는 장면이 종종 나오는데, 이런 것이 수렴청정의 한 장면입니다. 그런데 왕의 엄마만 정치를 하는 게 아니었어요. 남동생, 오빠, 외삼촌, 작은아버지… 등등 엄마쪽 가족들이 모여 정치에 감 놔라 배 놔라, 하게 되지요. 이를 세도정치라 합니다.

물론 이들이 제대로 정치를 했다면 괜찮았겠죠. 하지만 그들은 백성과 나라에 보탬이 되는 길을 가기보다 본인의 욕심만 채우려 했습니다. 관리가 되고 싶어 하는 사람에게서 뇌물을 받았고, 일반 백성에게서 이런저런 이름을 붙여 엄청난 세금을 뜯어냈습니다. 갓 태어난 아기에게도 세금을 매겼고, 죽은 사람에게도 세금을 내라고 닦달했습니다. 강제로 곡식을 빌려주고는 10배 이상으로 갚게 했고요. 세상에, 나라가 백성들을 상대로 사채놀이를 한 거나 마찬가지예요. 백성들의 삶은 아프고 고달팠습니다.

이들은 대외 정치에도 관심이 없었어요. 자기 욕심만 채우느라 바깥세상이 어떻게 돌아가는지 파악하지 못했습니다. 이즈음 중국이나 일본은 이미 서양과 교류를 트는 등 빠른 속도로 성장하고 있었는데 말이에요. 특히 옆 나라 일본은 나라의 세력을 키우며 슬금슬금 조선을 넘보기 시작하던 참이었습니다.

나라 안팎으로 불안하고 흔들리는 상황. 조선의 백성들은 어떤 길을 찾게 될까요?

Q   #조선_후기 #수렴청정 #백성_수탈 #부정 #부패 #교과연계+세도정치의_전개

실학

실생활에 써먹을 수 있는
실용적인 학문을 연구할 거야!

여러분이 아르바이트를 처음 하게 되었다면 가장 먼저 '최저임금'을 눈여겨보아야 합니다. 최저임금이란 '내가 열심히 일했으니 적어도 이만큼은 꼭 받아야 한다'는 의미가 담긴 노동의 대가입니다. 그 아래로 내려가면 법을 어기는 것이고요. 조선 시대에도 실학이 등장하면서 최저임금 의무제와 같은 주장을 내놓은 사람들이 있었습니다.

임진왜란 이후, 조선은 성리학이 가진 모순과 한계를 많이 느꼈어요. 성리학은 유학의 한 갈래로 조선과 조선의 백성을 다스리던 기본 사상이었지만, 임진왜란과 두 번의 호란을 겪는 동안 백성들이 가진 진짜 문제를 해결하는 데 도움을 주지 못했다는 것이 드러났습니다. 그런데도 많은 학자와 관료가 여전히 당파 싸움에 매달리는 모습을 보고 일부 학자들은 나라를 바로잡고 백성의 앞날을 열어줄 길을 궁리하게 됩니다. 조선의 실패한 지도 이념인 성리학을 버리고 보다 현실적인 문제를 해결할 수 있는

'실학'이 마침내 등장하지요.

실학은 크게 두 가지로 나눌 수 있어요. 실학의 목표는 '백성들의 삶을 안정시키고 나라를 강하게 만들자'였는데, 실천 방법이 조금 달랐습니다. '중농학파'는 농촌을 개혁하면 백성들의 문제가 해결될 것이라고 주장했습니다. 대표적인 학자가 이익과 정약용입니다. 이익은 한 가정이 생계를 유지하는 데 필요한 최소한의 토지를 정해두고 이 토지는 절대 팔지 못하게 하는 '한전론'을 주장했습니다. 정약용은 마을 사람들이 공동으로 소유한 토지를 함께 경작한 뒤, 일한 만큼 나눠 갖자는 '여전론'을 주장했고요.

'중상학파'는 상업이 발달해야 나라의 문제가 해결된다고 주장했습니다. 농사를 짓더라도 시장에 팔 수 있는 담배, 인삼, 목화 같은 상품을 재배하자고 주장했지요. 이렇게 시장이 발달해야만 땅이 없는 사람들이 굳이 농사를 짓지 않아도 먹고살 수 있다면서요. 이렇게 주장한 대표적인 학자가 박지원과 박제가입니다. 박지원은 능력도 없고 아무 일도 하지 않는 양반들을 비판하며 상업의 중요성을 강조했습니다. 박제가는 무조건 아끼는 것보다 적절한 소비를 해야 경제가 살아난다고 주장했고요.

조선 시대 실학자들의 의견은 지금과도 통하는 점이 많습니다. 이익이 가족이 소유할 수 있는 최소한의 토지를 규정한 것과

#현실적으로_해결하자 #농촌개혁 #상업발달 #과학_발전_촉진 #교과연계+실학사상의_발달

비슷한 내용이 오늘날 최소한의 임금을 보장해주는 최저임금제입니다. 또한, 적당한 소비가 있어야 경제가 살아난다는 주장은 오늘날에도 줄곧 논의되는 이야기입니다.

실학파들의 주장은 꽤 합리적이었지만 조정에서 적극적으로 수용되지는 않았습니다. 우선 정부는 양반과 지주층의 심기를 거스르지 않는 범위 내에서만 실학을 부분적으로 수용합니다. 또, 실학자들이 중앙정계에서 밀려나 있었기 때문에 국가 정책에 이들의 주장이 적극 반영되기 어려웠죠. 그럼에도 조선의 실학은 특히 과학의 발달을 촉진하여 천문학, 의학, 농업기술 등에 큰 영향을 미쳤습니다. 만일 조선 조정과 왕이 실학자들의 의견을 더욱 적극적으로 반영했다면 또 어떻게 달라졌을까요?

중농학파는 주로 몰락한 양반 출신인 경우가 많아요. 중농학파의 대가였던 이익이라는 인물은 몰락한 양반 가문 출신으로, 고향에 돌아가 농사를 지었습니다. 정약용도 무려 18년 동안 유배생활을 하며 일반 농민들의 생활을 가장 가까이에서 경험합니다. 농업을 실질적으로 이해했던 이들은 누구보다도 농업의 개혁을 강력하게 주장했습니다.

069

유배
나라의 허락 없이는 꼼짝 못해

오늘날, 사형 다음으로 가장 무거운 형벌은 무기징역입니다. 조선에서는 '사형' 다음으로 무거운 형벌을 '유배'로 보았습니다. 유배란, 죄를 지은 사람을 특정한 지역으로 보내어 그곳에서 강제로 살게 하는 것인데요. 직책이 높은 관리나 돈이 많은 양반은 물론 심지어 왕에게까지 해당되는 형벌이었습니다.

유배인의 생활은 어땠을까요? 유배형을 받은 사람들은 일단 아는 사람 하나 없는 먼 지역으로 떠나야 했습니다. 마땅히 살 집도 당장 먹을 음식도 없는 유배자들에게 나라에서는 '보수주인'을 정해주었는데요. 이들은 유배 온 죄인이 생활할 공간과 먹을 음식을 제공해주는 역할을 맡았습니다. 보수주인으로서는 여간 성가신 일이 아니었어요. 자신과 아무런 관계가 없는 죄인을 먹여주고 재워주는 것은 쉬운 일이 아니잖아요? 유배 온 사람들이 온갖 구박을 받았던 이유랍니다.

유배인들도 외지에서 낯선 사람에게 구박받으며 사느니 알아서 생계를 책임지는 게 낫다고 생각했습니다. 그래서 사냥을 하거나 형편이 너무 어려울 때면 다른 사람에게 먹을 것을 구걸하기도 했어요. 유배형은 국가의 허락이 없으면 한 발짝도 떠날 수 없는 것이어서 가족이 사는 지역으로 가는 건 꿈도 못 꿨습니다. 물론 예외는 있었어요. 부모님이 위독하거나 돌아가셨을 때엔 나라의 허락을 받고 잠시 유배지를 떠날 수 있었습니다.

그러나 모든 유배인의 생활이 고달프고 힘들었던 것은 아니에요. 돈 많고 권력이 있었던 사람들은 유배지에 가서도 여유롭게 생활했습니다. 비록 일부였지만, 어떤 사람은 유배를 떠나거나 도착할 때 많은 사람에게 둘러싸이기도 했다는군요. '저 사람은 지금은 유배자 신세지만 곧 나라에서 다시 부를 거야'라는 믿음이 있었나 봅니다. 이런 사람들은 가는 길마다 풍부한 음식을 대접받거나 선물을 챙겨서 유배지로 갔고, 도착한 후에도 그들에게 잘 보이려는 사람들 덕분에 편히 살아갈 수 있었다네요.

권력이 강하고 돈이 많은 사람은 벌 받는다는 느낌이 별로 나지 않는데, 요즘에도 고액의 영치금으로 호화스러운 생활을 한 범죄자들이 뉴스에 나오곤 합니다. 영치금이란 가족이나 친구들이 감옥에 있는 사람에게 넣어주는 돈을 말하는데요. 조선 시대와 오늘날의 사정이 크게 다르지 않은 것 같습니다.

Q #죄인을_유배지로 #고위직도_부자도_왕도_받은_벌 #교과연계+역사_속_다양한_형벌

070

박지원

백성의 입장에서 공감하고 풍자하는
조선 최고의 문단계 아이돌

조선 시대 최고의 베스트셀러 작가는 누구일까요? 요즘처럼 정확한 집계 결과를 알 수는 없지만, 당시 사람들은 이 질문에 하나같이 "열하일기의 박지원"이라고 대답했을 겁니다. 그가 지어낸 이야기들은 지금까지도 사랑을 많이 받고 있는데요. 그의 이야기엔 어떤 특징들이 있을까요?

박지원 소설의 핵심은 '풍자'입니다. 풍자란, 사회적인 문제를 과장하거나 비꼬아서 독자의 웃음을 유발하는 글쓰기 기법인데요. 박지원은 특히 '풍자'에 능한 사람이었습니다.

박지원은 조선 정조 때 활동한 문인이자 실학자입니다. 청에 수행원으로 갔다가 조선보다 앞선 문물과 제도를 만나 여러 가지 아이디어를 얻고 돌아옵니다. 그러고는 조선에 돌아오자마자 『열하일기』라는 조선 최고의 베스트셀러를 썼습니다. 박지원이 청나라에 다녀온 후 자신이 직접 경험하고 목격한 것을 기록한 여행기입니다. 『열하일기』에서 박지원은 청나라의 문물을 소개하며 청나라에서 직접 보고 들은 사회, 문화, 역사에 대한 그의 생각을 함께 기록했습니다. 박지원은 조선 내에 유통수단이 부족해서 각 지역의 산물이 적극적으로 유통되지 않음을 비판하기도 했어요. 그는 『열하일기』에 조선 후기 당시의 사회 문제를 신랄한 풍자로 담아냈습니다.

임진왜란, 정묘호란, 병자호란을 겪으면서 조선 사회는 크게 흔들렸고, 여러 분야에서 새로운 시도가 나타납니다. 모내기법이 널리 퍼지면서 조선의 경제 상황도 달라졌고요. 그런데도 양반들은 여전히 체면만 중시하느라 시대의 흐름을 따라가지 못했습니다. 양반이라는 이유로 농사도 짓지 않았는데요. 그렇다고 장사를 하는 것도 아니었어요. 오로지 방에 들어앉아 쫄쫄 굶는 한이 있어도 나는 책을 읽겠다, 하는 자세로 일관했지요. 박지원은 이런 양반들의 모습을 풍자하고 비판했습니다.

또, 당시 조선 후기의 어이없는 상황도 날카롭게 꼬집었습니다. 우리보다 앞선 청의 기술을 배워도 모자랄 판에 청을 정벌하러 가자는 '북벌론'이 등장한 탓입니다. 박지원은 이 모습을 보고 "시대 흐름을 제대로 파악하지 못하는 무능한 정부"라고 비판했습니다.

또 하나 특이한 점은, 박지원 본인은 양반이었는데도 백성들

#열하일기 #풍자소설 #양반_풍자 #조선_후기 #해학 #양반전 #허생전 #교과연계+실학_사상

의 관점에서 글을 썼다는 것입니다. 그냥 날카롭게 비판하기만 했다면 지금처럼 큰 인기를 얻기 힘들었을 텐데요. 박지원은 풍자라는 매우 차원 높은 글쓰기 방식으로 비판과 웃음을 함께 주었습니다. 답답하고 어려운 상황을 누군가 콕 집어서 내 마음처럼 표현해주면 통쾌하잖아요?

조선의 또 다른 셀럽 허난설헌을 소개할게요. 그는 여성과 남성이 평등하게 대접받지 못했던 시대를 풍미한 멋진 여성 시인입니다. 사대부의 딸이라는 배경이 아니라 본인이 창작한 뛰어난 시로 인해 인정받았거든요. 8살 무렵부터 한시를 지어 주변을 놀라게 한 허난설헌은 안타깝게도 27살이라는 이른 나이에 생을 마감했어요. 그녀의 창작시는 동생 허균에 의해 명에 알려져 크게 인기를 끌었습니다.

071

공납

로켓배송으로
싱싱한 전복을 바치시오!

학교에서 수업료 대신 집에서 만든 맛있는 음식을 가져오라고 합니다. 정해진 날에, 학교에서 정해준 음식을 가져와야 하는데 심지어 따뜻한 채로, 모양도 흐트러지지 않아야 한대요. 만약 음식을 갖고 오지 않으면 수업을 듣지 못한다고 합니다.

실제로 조선에서는 이와 같은 말도 안 되는 방법으로 세금을 냈습니다. 이것을 '공납'이라고 해요. 공납은 원래 어느 지역의 특산물을 세금으로 내는 제도입니다. 그런데 나라에서 엉뚱한 것을 자꾸 요구하면서 문제가 심각해지기 시작했습니다. 이를테면 바다를 구경해본 적도 없는 산골 사람들에게 전복을 바치라고 하거나, 농촌 사람들에게 살아 있는 노루를 내라고 요구한 거예요. 어찌해서 어렵게 전복과 노루를 구했다고 해도 '로켓배송'도 없는 시대인데, 상하지 않게 한양까지 보낼 수 있었을까요?

> Q #열하일기 #풍자소설 #양반_풍자 #조선_후기 #해학 #양반전 #허생전 #교과연계+실학_사상

그래서 사람들은 비싼 돈을 주고 자기 대신 특산물을 내주는 사람들을 찾게 되었는데요. 이를 '방납'이라고 합니다. 이들은 특산물을 내주는 대신 엄청난 돈을 요구했습니다. 만 원에 구할 수 있었던 노루의 값을 50만 원으로 올려서 받으려고 했지요.

견디다 못한 농민들은 아무리 힘들어도 스스로 특산물을 구해야겠다고 마음먹습니다. 그런데 힘들게 힘들게 구한 특산물을 관리들이 받아주지 않는 겁니다. 관리들이 방납업자들에게 돈을 받고는 농민들이 개인적으로 내는 공물은 받지 않기로 공모했기 때문이에요. 어쩔 수 없이 농민들은 비싼 값을 내고 울며 겨자 먹기로 공납을 바쳤습니다.

조선의 왕들도 공납 문제로 고민이 많았습니다. 중종 때엔 어려운 백성들의 형편을 살펴 세금 제도를 개혁하자는 주장도 나왔지만 구체적인 방법을 찾지는 못했어요. 그러던 중 선조 때 임진왜란을 겪으면서 잠시 공물을 쌀로 거두었으나 전쟁 후에는 다시 공납이 성행합니다. 여러 특산물 대신 쌀을 바치게 한 대동법은 광해군이 즉위하면서 처음으로 실시됩니다. 공납의 폐단이 가장 심했던 지역이 경기도였거든요.

대동법이 전국적으로 실시되기까지는 많은 우여곡절이 있었습니다. 토지를 기준으로 하여 세금을 부담하는 양반 지주층의 반발이 강했고, 당시 토지를 정확하게 파악하지 못한 상태였기 때문이에요. 곡절이 많았던 대동법은 숙종 때인 1708년, 100년 만에 전국적으로 실시됩니다.

모내기법
조선 경제의 터닝포인트!
한 땅에 두 가지 작물을 키우다

'터닝포인트'라고 할 만큼 중요한 사건을 경험한 적 있나요? 조선에서는 '모내기법'이라는 새로운 농사법이 시장경제의 터닝포인트가 됩니다.

모내기법은 조선 후기에 전국적으로 퍼지게 되었는데요. 이전에는 농사를 지을 때 논에 직접 씨를 뿌리는 '직파'법을 사용했습니다. 바가지에 구멍을 뚫어 씨를 담고 걸어가기, 부부가 한 쌍으로 움직이면서 앞에서 땅에 구멍을 내면 뒤에서 씨 뿌리기 등등 아주 다양한 방법으로요. 모내기법은 완전히 달랐습니다. 땅에 직접 씨를 뿌리지 않고 작은 판에 먼저 씨를 뿌려 이것을 키운 다음 어느 정도 자란 '모(벼의 싹)'를 논으로 가져와 심었어요. 모판에 있는 '모'를 옮겨 심다 보니 그 과정에서 튼튼한 것만 골라서 심을 수 있었기에 수확량도 훨씬 좋았습니다.

Q   #직파법에서_모내기법으로 #한_땅에_두_작물 #생산량_증가 #교과연계+조선_후기_경제_변화

더욱 놀라운 점은 모내기법을 통해 한 땅에 두 가지 작물을 키울 수 있었다는 것입니다. 모판에서 모가 자라나고 있을 때, 빈 논에 '보리'를 심었거든요. 그리고 보리를 키우고 수확한 뒤, 다시 모판에 있는 모를 논에 옮겨 심었습니다. 이로써 농민들은 1년에 두 가지 작물을 키울 수 있게 되었지요.

모내기법을 활용하면서 부자가 된 농민들도 많았고, 생산량이 늘어나면서 남는 쌀을 시장에 파는 사람도 늘었습니다. 예전에는 가족이 먹기 위해 쌀농사를 지었지만 이제 돈만 있으면 시장에서 쌀을 사서 먹을 수 있게 된 것입니다. 이렇게 시장에서 매매 활동이 이루어지자 일부 사람들은 쌀이 아닌 상품작물을 재배하기 시작했습니다. 담배, 인삼, 목화 같은 것들이지요. 이를 통해 조선 후기의 시장은 더욱더 성장합니다.

하지만 문제도 있었어요. 모내기법으로 부자가 된 농민도 있었지만, 더 가난해진 사람들도 나타났기 때문입니다. 원래 자기 소유의 땅이 없는 사람들은 다른 사람의 땅을 빌려서 대신 일을 하며 돈을 벌었는데, 이전보다 적은 노동력을 요구하는 모내기법으로 땅의 주인들은 다른 사람의 도움이 필요 없게 된 것입니다. 이러다 보니 일자리를 잃은 농민이 하나둘 생겨났습니다.

모내기법은 물을 많이 사용하는 농법입니다. 비가 적게 내리거나 가뭄이 들어 논에 물이 없으면 성공할 수 없지요. 비가 언제 올지, 가뭄이 들지 정확히 알 수 없기 때문에 위험 부담이 너무 크다고 느낀 방식이어서 나라에서는 모내기법을 장려하지 않았습니다.

삼정의 문란

나라가 백성을 괴롭히니
더는 못 참겠다!

가정이나 회사를 운영하는 데 돈이 들어가는 것처럼 나라 살림에
도 자금이 필요합니다. 다른 점이 있다면 나라에 필요한 경비는
세금을 걷어 충당한다는 것입니다. 18~19세기 조선 후기에는 수
입과 지출을 관리하는 국가재정에 심각한 문제가 발생했습니다.
이를 흔히 '삼정三政의 문란'이라고 말합니다. 삼정은 '전정田政'
'군정軍政' '환곡還穀'을 이릅니다.

전정은 글자 그대로 토지세를 거두어 나라 살림을 하는 것을
말합니다. 이때 세금은 본인이 가지고 있는 토지의 양에 따라 매
겨집니다. 요즘의 부동산세라고 생각하면 되겠지요?

군정을 볼게요. 조선에서는 16~60세까지의 일반인 남성에게
병역의무를 줬습니다. 양반·아전·관노는 병역이 면제되었던 터
라 결국 농민들만 의무를 다해야 했는데요. 농사도 지어야 하고
가족도 먹여 살려야 했기에 농민들도 차츰 '군대 가는 대신 돈으
로 때우자'는 생각을 하게 됩니다. 여기서 '군포'라는 개념이 나

옵니다. 요즘 같으면 큰일이 날 소리죠?

마지막으로 환곡이 있습니다. 나라 창고에 저장했던 곡식을 봄에 빌려주었다가 가을에 약간의 이자와 함께 갚도록 한 일종의 복지제도입니다. 그러나 원래의 좋은 뜻과 달리 환곡은 관리들이 억지로 쌀을 빌려주고 많은 이자를 받아내면서 세금처럼 성격이 변해버려요.

이 중에서 가장 횡포가 극심했던 분야는 군정이었어요. 당시의 심각성은 정약용이 쓴 책에도 나옵니다. 시아버지는 이미 돌아가셨고 아들이 이제 막 태어났는데 죽은 시아버지와 갓난아이에게까지 군포를 걷어간다고 억울해하는 여자의 이야기를 통해 당시 세금 제도가 얼마나 부패했는지 알 수 있습니다. 어린아이, 사망자, 친족, 이웃에게까지 군포를 거두었으니 백성들의 고통이 얼마나 컸을지 짐작하고도 남습니다. 환곡도 문제가 심각했습니다. 쌀이 필요 없는 사람한테도 억지로 쌀을 빌려줍니다. 심지어 쌀자루 안에 모래, 썩은 곡식 같은 걸 섞어서요. 그러고는 가을에 온전한 쌀로 갚으라고 윽박지릅니다.

이렇게 나라 살림을 한답시고 여기저기서 백성을 괴롭히는 일들이 많아지고 그 방법이 갈수록 악랄해지자 농민들은 고향을 버리고 산속으로 도망가기 시작했습니다.

Q #직파법에서_모내기법으로 #한_땅에_두_작물 #생산량_증가 #교과연계+조선_후기_경제_변화

동학

우리는 모두 평등하고 귀하다

동학은 19세기 수운 최제우가 처음 시작한 민족종교입니다. 삼국시대에 들어온 불교는 우리나라 종교가 아니었고, 종교적인 성격을 띠었던 유교도 우리 것은 아니었는데요. 동학은 우리나라 사람이 우리 백성의 사정을 깊이 살펴 만든 종교라는 점에서 의미가 큽니다. 동학이란 이름은 당시 서양에서 들어온 서학(천주교)에 대립되는 의미로 지은 것입니다.

동학에서 주장하는 내용을 보면 당시 사람들이 바라던 세상의 모습을 짐작할 수 있습니다. 동학은 '모든 사람이 평등하다'는 것을 강조했어요. 신분과 성별에 상관없이 모든 사람은 하늘과 같이 소중하다고 이야기했습니다. 이런 주장은 백성들의 열렬한 지지를 받았지요.

당시 조선은 세도정치 때문에 부정부패가 판을 치는 상황이

#인내천 #사람이_곧_하늘 #최제우 #평등 #보국안민 #교과연계+새로운_종교의_유행

었어요. '모든 지역에서 백성들이 난을 일으키고 있다'라는 기록이 있을 만큼 조선 말기는 살아가기 힘든 시대였습니다. 성실하게 일해도 생활이 조금도 나아지지 않았던 백성에게 '누구나 똑같이 귀하고, 위아래 없이 평등하다'는 동학의 교리는 큰 위로가 되었습니다.

하지만 왕을 포함한 지배층에게는 동학의 이념이 마음에 들지 않았습니다. 남들 위에 서서 권력을 누리며 잘 살았는데, 갑자기 너나 나나 모두 평등하고 귀하다고 하니 큰 충격에 빠질 수밖에요. 이에 권력층은 동학이 만들어진 지 3년 만에 시조 최제우를 '세상을 어지럽히고 백성을 속이고 있다'는 죄명 아래 처형합니다. 하지만 동학의 인기는 더욱더 높아집니다. 역사에는 '만약'이 없다지만, 당시 왕과 지배층들이 동학을 탄압하지 않고 동학의 인기 비결에 대해 고심했더라면 어땠을까요? 만약 그랬다면 우리 역사 교과서의 내용도 바뀌었겠죠?

1894년, 동학을 믿는 사람들이 많아지면서 이들은 힘을 합쳐 농민운동을 일으킵니다. 이것이 바로 동학농민운동입니다. 동학농민운동은 탐관오리의 처벌과 노비문서 소각, 토지의 균등 분배를 주장하며 양반 중심의 사회 질서를 타파하려 힘썼어요. 또한, 모두가 힘을 합쳐 일본의 침략을 물리쳐 나라를 지키고자 뜻을 모았습니다. 동학농민운동은 우리 역사에서 가장 큰 규모로 일어난 농민운동이랍니다.

통상거부

나? 흥선대원군!
서양이랑 친하게 지내지 않을 거야!

어느 날 갑자기 낯선 비행선이 한반도 상공에 나타났습니다. 우리가 "괴怪물체를 발견했다"면서 우왕좌왕하는 사이 이상한 비행선 한 대가 월드컵경기장에 착륙합니다. 문이 열리면서 외계인이 하나둘 모습을 드러내요. 그런데 그들이 내미는 최신식 태블릿에 "친하게 지내자. 물물교환도 하고"라고 적혀 있네요. 여러분이 낯선 사람 전담부서 책임자라면 어떤 결정을 내릴 것 같아요? 뚱딴지같은 소리지만, 조선 말기 사람들 역시 외계인을 만난 듯한 경험을 하게 됩니다.

때는 1800년대 중반, 중국인도 일본인도 아닌 사람들이 조선 항구에 등장합니다. 파란 눈에 우뚝 솟은 생김새가 다른 이 사람들은 풍문으로만 듣던 양인洋人이었습니다. 이들은 커다란 배를 몰고 와 통상을 요구했어요. 한마디로 조선과 물건을 거래하고 싶다는 거죠. 조선 사람들은 선뜻 결정을 내리지 못합니다.

게다가 옆 나라 중국은 영국과 프랑스의 침입을 받았다고 하고, 일본은 미국의 강요에 무릎을 꿇었다는 소문도 들려옵니다. 그러니 조선 정부는 서양과 물건을 사고팔아도 되는지 더더욱 확신하지 못할 수밖에요.

이때 갈팡질팡하던 조선이 마음의 결정을 내리게 된 사건이 발생합니다. 프랑스와 미국이 조선을 공격한 거예요. 프랑스는 자기네 선교사를 죽인 데 분노해서 쳐들어왔고, 미국은 제너럴셔먼호를 불에 태운 데 격분하여 쳐들어왔습니다. 당시 조선을 이끌던 고종의 아버지 흥선대원군은 두 번의 싸움을 겪고 나서 서양과 친하게 지내려던 마음을 접어버립니다. 그러고는 얼마나 화가 났는지 전국에 '척화비'를 세워요. '서양이랑 친하게 지내자는 건 나라를 팔아먹자는 거랑 같아'라는 글을 새겨서요. 요즘으로 치면 SNS에 싫어하는 사람을 저격하는 글을 올린 것과 같죠?

흥선대원군은 그 뒤로 쭉 다른 나라와 절대 통상하지 않고 친하게도 지내지 않겠다는 '통상수교거부정책'을 시행합니다. 흥선대원군의 결정에 대해선 여전히 평가가 엇갈립니다. 여러분의 생각은 어떤가요?

처음부터 흥선대원군이 서양세력을 무조건 싫어했던 것은 아니었어요. 이미 조선말에는 천주교가 백성들 사이에서 인기를 모았고 큰 권력을 쥐고 있던 안동김씨 중에서도 천주교 신자가 있었으니까요. 이런 분위기에서 러시아가 자꾸 세력을 키워가자 흥선대원군은 프랑스의 힘을 이용하여 러시아를 견제하려는 시도를 합니다. 하지만, 조선의 4대 주교였던 베르뇌 주교는 이를 거부했고 천주교를 거부하는 관리들의 여론이 생기자 흥선대원군은 천주교 신부와 신자를 박해합니다. 그리고 이는 두 번의 양요와 통상수교거부정책의 시작점이 되었지요.

프랑스와 미국이 조선을 공격한 일 외에도 조선이 서양을 배척하게 된 데에 결정적인 사건이 있었습니다. 바로 '오페르트 도굴 사건'이에요. 독일 상인이었던 오페르트는 두 번이나 조선에 들어와 조선과의 통상을 요구했지만 모두 거절당해요. 그러자 오페르트는 미국과 프랑스의 지원을 받아 무장한 선원을 데리고 덕산군을 습격했고, 흥선대원군의 아버지인 남원군의 묘를 도굴하려 했어요. 이 일을 계기로 서양인에 대한 조선인의 반감은 더욱 세지고 흥선대원군의 통상수교거부정책 또한 강화되었습니다.

서양인 출입 금지
대화 금지
물물교환 금지

서양인과 친하게 지내는 사람=배신자

서양인과 친하게 지내는 것=나라를 파는 일

치외법권

죄 지어도 괜찮아,
재판은 내 나라에서 할 거니까

나라와 나라 사이에 조약을 맺을 때는 두 나라의 힘이 비슷한지 먼저 살펴야 합니다. 개인과 개인, 개인과 조직이 계약할 때도 마찬가지고요. 어느 경우든 힘이 한쪽으로 기울면 공평한 관계 설정이 어렵습니다. 그런데 이게 현실적으로 참 어려운 문제예요. 역사상 사례들을 둘러봐도 그렇고요. 조선도 이런 경험을 하게 됩니다.

조선은 1876년 일본과 '강화도조약'을 체결합니다. 정식 명칭은 '조일수호조규朝日修好條規'인데요. 이것은 외국과 맺은 최초의 근대적인 조약인 동시에 불평등조약이었습니다. 12조로 이루어진 내용 중 특히 '치외법권' 항목이 눈에 띕니다. 그 뜻은 일본인이 조선에 와서 범죄행위를 해도 조선의 법으로 재판할 수 없고 일본의 법으로 재판을 받아야 한다는 것입니다. 일본인이

#힘의_균형 #강화도조약 #불평등 #명성황후 #침략의_기초_마련 #교과연계+조선의_문호_개방

196

조선에서 사고를 쳐도 제대로 재판하지 않겠다는 뜻이니, 조선 사람들은 얼마나 억울했을까요? 물건을 훔쳐도, 사람을 때리거나 죽여도 일본인이 한 짓이라면 조선법으로 재판할 수 없다니요. 가장 극단적인 예가 일본이 고종의 아내였던 명성황후를 조선에서 살해했던 사건입니다. 나라가 흔들릴 만큼 끔찍한 일이었지만 살인범은 일본에서 재판을 받고 그냥 풀려났습니다. 치외법권이 발동하여 일본의 법으로 재판했기 때문이지요.

강화도조약을 시작으로 조선의 불평등 계약 시리즈는 계속 갱신됩니다. 일본은 자신들에게 더 유리한 내용으로 조약을 변경했고 이를 지켜본 다른 나라들도 '음, 우리도 저러면 되겠군' 하면서 조선과 불평등한 조약을 맺자고 달려들게 됩니다.

일본은 부산, 원산, 인천을 개항하게 하여 우리나라의 해안을 마음대로 측량했어요. 조선을 침략하려고 미리 준비한 것입니다. 특히 해안을 마음대로 측량해 우리나라의 지리적 특성을 파악했는데, 이를 토대로 조선을 침략하고 우리나라의 곡식마저 싼 가격에 무제한으로 가져갈 수 있었습니다.

온건파와 급진파

개화, 천천히 안전하게 해야지
vs 하루라도 늦추면 안 돼

최초의 근대적 조약인 강화도 조약을 맺고 조선은 본격적인 개화 정책을 폅니다. '나라의 문을 열고 서양의 발달한 기술을 받아들이자!'라는 목표는 같았지만, 정책을 펴는 방법에 따라 조정은 온건파와 급진파로 나누어졌습니다.

온건파는 청이 그랬던 것처럼, 서양의 앞선 기술을 수용하되 조선이 지녀온 본래 제도와 사상은 유지하자고 주장했습니다. 급진파의 생각은 달랐어요. 빠르고 강하게 성장하려면 일본의 방법을 따라야 한다고 강조했거든요. 서양의 과학기술뿐 아니라 제도와 사상까지도 적극적으로 받아들이자고 주장한 것입니다.

이들의 주장은 다이어트 방법을 고민하는 사람을 상상하면 이해하기 쉽습니다. 온건파의 주장은 기존에 먹던 식단은 유지하고 운동 방법만 새로운 것으로 바꾸는 것과 같습니다. 급진파의

🔍 #힘의_균형 #강화도조약 #불평등 #명성황후 #침략의_기초_마련 #교과연계＋조선의_문호_개방

198

생각은 빠르고 확실하게 다이어트 효과를 내려면 식단과 운동 방법 모두 새롭게 바꿔야 한다는 입장이고요.

나라에서는 온건파와 급진파 중, 어느 편의 입장을 더 지지했을까요? 온건파입니다. 나라와 백성의 안전을 책임져야 할 정부로서는 개방과 동시에 모든 것을 바꿔버리는 것이 너무도 부담스러웠을 겁니다. 어쩌면 고종의 눈에는 일본보다는 청의 방식이 더 마음에 들었는지도 모르고요. 이렇게 되자 급진파의 입지는 점점 좁아지고, 이들의 마음은 초조해집니다. 급진파를 대표했던 김옥균은 "조선의 개혁은 하루라도 늦출 수 없을 정도로 시급한데, 개혁을 더 늦추면 그때의 조선은 우리의 조선이 아닐 것이다"라고 주장하면서 개혁을 서두릅니다.

청의 간섭을 부당하다고 여긴 급진파는 비합법적인 방법으로 정치적 변화를 꾀합니다. 이것이 바로 '갑신정변'이에요. 하지만 물도 급하게 먹으면 체한다잖아요? 급진파들이 내놓은 정치 개혁의 안건들은 좋았지만, 갑신정변은 3일 만에 청에 진압되면서 허무하게 막을 내립니다.

속상하게도, 조선은 개화정책을 시행한 이후 타국에 많이 의존합니다. 갑신정변을 계획한 급진파도 일본에 의존하였고, 이를 진압하는 정부도 청나라에 의존했지요. 그 대가는 조선의 자주성을 상실하는 결과를 가져옵니다. 조선의 내정을 마음대로 휘두르려는 청나라와 일본의 간섭은 심화되었죠. 이는 10년 뒤, 청일전쟁의 발발로 이어집니다.

갑오개혁

갑오년에 갑자기 무슨 일이야!

일본은 경복궁을 강제로 점령한 뒤, 개혁을 실시합니다. 조선을 이전과 완전히 다른 새로운 사회로 만들겠다며 근대화에 속력을 내요. 물론 속셈은 따로 있었지요. 당시 일본은 서구 제국주의 모델을 참고하여 조선을 어떻게 요리할까, 궁리하고 있었으니까요. 그래서 자신과 친한 세력에 권한을 주어 개혁을 주도하게 합니다. 이렇듯 일본의 주도 아래 1894년부터 시작된 개혁이 '1차 갑오개혁'입니다.

1차 갑오개혁은 일본이 청과 전쟁을 치르는 중이었기에 우리 나름대로 주도권을 행사할 수 있었는데요. 우선 아무리 왕족이라 해도 마음대로 정치에 참여하지 못하게 했고, 사람을 사고파는 노비제를 폐지했으며, 일찍 결혼하는 풍습을 없애고, 과부에게 재혼을 허락했습니다. 개혁 내용 안에는 좋은 것도 많았습니

#근대화 #백성과_소통하지_않는_개혁 #1+2+3차 #교과연계+갑오개혁을_추진한_조선

다. 하지만 농민에게 가장 필요한 토지문제에 관한 개혁안이 없고, 국가를 든든하게 지켜주는 군사에 관한 내용도 없었다는 점, 그리고 일본의 힘에 의존한 일부 세력이 개혁을 이끌었기에 국민의 폭넓은 지지를 얻지 못했다는 한계가 있었답니다.

청과의 전쟁에서 승리한 일본은 본격적으로 2차 갑오개혁에 간섭합니다. 2차 갑오개혁으로 지방 제도가 개혁되었어요. 특히 재판소를 두어 사법권을 행정기구로부터 분리했고 교육입국조서를 반포하여 근대식 학교를 세우는 새로운 교육제도를 마련했습니다.

아무리 좋은 개혁 내용이라도 백성들에게 아무런 설명과 대책 없이 실행한다면 큰 혼란을 가지고 올 거예요. 갑자기 여러분에게 학교에 가지 말라고 한다면 당장 내일부터 무엇을 하면 좋을지 모르는 것처럼 말이에요. 개혁안을 놓고 '이건 이런 내용이고, 이런 이유로 시행되는 거야~'라는 설득 없이 무조건 "으이그 무식한 것들! 그냥 따라 와"라고 이야기했으니 백성들은 당황할 수밖에요. 이는 조선이 백성과 소통하여 스스로 개혁을 주도하지 못했던 문제점을 보여주는 것이기도 합니다.

갑오개혁은 일본의 간섭 아래에 조선의 개화파들이 자주적으로 추진한 개혁이었어요. 동학농민군의 주장을 수용하여 개혁에 반영했고 새로운 정치 제도를 도입해 조선이 근대적인 국가로 발전할 수 있는 바탕을 마련해주었답니다. 하지만, 일본의 강요와 감시 속에서 조선은 군사력을 강화시킬 수 없었고 근대적인 토지 제도를 만들 수 없었습니다.

079

대한제국

제국의 황제 고종, 옷을 갈아입다

연예인들의 이름을 살피다 보면 종종 가명을 쓰는 경우를 발견해요. 원래 이름보다 자신의 이미지와 잘 맞는 가명을 쓰고 나서 인기가 더 많아지는 예도 있습니다. 조선도 이름을 바꾸었던 적이 있는데요. 대체 무슨 일이 있었던 걸까요?

조선은 당시 힘 좀 쓰는 강한 나라들 때문에 골머리를 앓고 있었습니다. 일본, 중국, 러시아가 호시탐탐 조선을 노렸고, 서양 여러 나라에서도 틈만 나면 간섭하면서 조선의 물건을 빼앗아갔습니다. 그러던 중 도저히 참을 수 없는 사건이 발생합니다. 일본이 고종의 부인이었던 '명성황후'를 살해한 거예요. 그것도 우리나라 궁궐에서요.

고종은 아픔을 이겨내고 국력을 강화하겠다는 일념으로 우선 나라의 이름을 '대한제국'으로 바꿉니다. 그러고는 고종 스스로 왕이 아닌 황제의 자리에 올라요. '왕'보다는 '황제'가 더 강력한 의미라고 판단하여 '황제가 다스리는 나라'로서 대한제국을 선포한 것입니다. 다른 나라의 침략과 간섭에서 벗어나기 위해 적극적으로 외국의 발달한 기술문명을 받아들이고, 서양식 학교를 세우고, 회사와 공장을 세워 상공업을 장려했습니다.

하지만 대한제국은 가장 중요한 것을 놓쳤습니다. 그릇은 바꾸었을지 몰라도 그 안에 담기는 내용물엔 손을 대지 않은 거예요. 즉 근본적으로 잘못된 제도를 바꾸기보다 눈에 보이는 모습들만 바꾼 겁니다. 대한제국이 시도했던 여러 개혁은 실패했고, 이후 일본에 강제로 점령당하는 아픔을 겪게 됩니다.

개인이든 조직이든 변화를 원한다면 가장 먼저 본질적인 부분부터 돌아봐야겠지요? 역사는 이런 진실을 다양한 장면으로 보여주는 가장 좋은 나침반이랍니다.

Q #고종 #명성황후 #황제 #강대국의_수탈 #본질이_무엇일까 #교과연계+대한제국의_수립

080

제국주의
서구 열강의 침략,
약육강식의 그림자

19세기는 힘 좀 있는 국가라고 하면 누구든 해외영토를 개척하려 했던 제국주의시대였습니다. 제국주의란 한마디로 국력이 막강한 나라가 상대적으로 약한 나라를 정벌해서 식민지로 삼는 정책입니다.

영국, 프랑스, 네덜란드, 스페인 등을 선두로 한 서구 열강은 주로 아시아, 아프리카, 남아메리카 등에 눈독을 들였는데요. 이들은 침략을 정당화하기 위해 다양한 명분을 내세웠답니다. '너희 나라는 수준이 좀 떨어지니까 우리가 도울게' '금만 많으면 뭐하니? 잘 캐서 요렇게 저렇게 쓰는 법을 알려줄게' '저런, 아직도 호랑이신을 믿는 거야? 우리 주 하느님을 소개할게' 하는 식으로 말이지요.

이렇게 하여 식민지가 된 많은 나라는 자신의 정체성을 잃어버리고 생판 모르는 사람들에게 지배당하게 됩니다. 그런데 한 가지 이상한 점이 보여요. 이렇게 강압적이고 비도덕적인 제국주의 정책을 왜 전 세계가 앞다퉈 따랐을까요? 바로 자본주의 때문입니다. 자본주의란 자본(돈)을 가장 중시하는 경제정책입니다. 자본주의 체제에서는 공장이든 회사든 나라든 많은 이익을 내야 칭찬받습니다. 예를 들어 자동차를 만들어 판다고 칩시다. 이익을 많이 내려면 어떻게 해야 하나요? 인건비는 줄이고 가격은 올려야죠. 제국주의 국가들은 따라서 국력이 약한 나라를 침략하여 식민지로 만든 다음 그곳을 산업화하여 강제로 물건을 팔았습니다. 그뿐인가요? 식민지에서 나오는 좋은 원료를 빼앗아 본국으로 가져가고, 선주민들을 강제로 이주시켜 적은 돈을 주면서 뼈빠지게 일을 시켰습니다. 이런 정책을 편 나라를 '제국주의 국가'라고 합니다.

제국주의 국가들은 돈을 더 많이 벌기 위해서 경쟁적으로 다른 나라를 침략하여 영토를 넓히면서 자원을 강탈했어요. 자신들의 문화와 시각을 기준으로 동양이나 아프리카 민족의 문화를 무시하는가 하면, '미개'니 '문맹'이니 하면서 다른 민족에게 열등의식을 주입시켰습니다.

그 와중에 도저히 믿을 수 없는 일도 벌어졌습니다. 프랑스는 박람회를 열어 '식민지관'을 만든 뒤 실제 살아 있는 아프리카 선주민을 울타리 안에 가두고 그 안에서 생활하도록 했습니다. 박

🔍 #식민지_정책 #자본주의 #침략 #영토_확장 #자원_강탈 #교과연계+제국주의_정책의_전개

람회를 찾아온 사람들은 마치 물건을 구경하듯 그들을 보러왔다고 해요. 이런 비극은 조선 사람들도 겪었습니다. 일본 오사카에서 열린 박람회에도 조선 사람들이 전시되었으니까요.

제국주의 같은 비도덕적인 행동이 전 세계에 퍼지고 있을 때, 어떤 나라도 여기에 이의를 제기하지 않았다는 점이 참 속상합니다. 아직도 지구상에는 제국주의의 영향으로 아픔을 겪고 있는 나라가 많으니 말입니다.

대부분의 아시아 국가들이 열강의 식민지가 된 이 무렵, 홀로 독립을 유지하던 나라가 있었습니다. 태국입니다. 태국의 주변 나라인 인도가 영국의 식민지가 되고 베트남, 캄보디아는 프랑스의 식민지가 되었지만 태국 왕정은 홀로 독립을 유지했어요. 태국의 라마 5세는 독립을 유지하기 위해 영국과 프랑스와의 합의를 통해 영토의 일부를 넘겨주는 '할양'을 하였고 영국의 영사재판권을 인정하는 조약을 맺어가며 불평등을 감수했습니다.

토지조사사업

네 땅 맞아? 증거 있어?
증거 없으면 일본 거!

일제강점기가 시작된 1910년 농민들에게 억울한 일이 발생합니다. 일본은 어떻게든 조선에 있는 토지를 빼앗고 싶었어요. 억지로 하면 사람들의 반발이 심할 테니, 꾀를 내어 빼앗는 게 아닌 척하기 시작합니다. 먼저 동네를 돌아다니며 사람들에게 물어봐요. "이거 네 땅 맞아? 증거를 보여줘!"

사람들은 너무나 당황했어요. 그 땅은 아주 오래전, 할머니의 할머니, 또 그 할머니의 할머니 때부터 가족이 대대로 농사짓던 땅이었거든요. 그런데 어느 날 갑자기 일본 사람이 와서 "네 땅이라는 걸 증명해라"고 다그치니 어이가 없을 수밖에요. 일본은 이렇듯 조선 사람들을 대상으로 지금 소유하고 있는 땅이 자기 땅이라는 것을 증명하라고 재촉했어요. 증명하지 못한 땅은 일본이 가져가겠다면서요. 그것도 아주 짧은 시간 동안에 말입니다. 이것이 바로 1910년부터 시작된 일제의 '토지조사사업'입니다. 겉으로는 당신의 토지가 맞는지 확인해주겠다고 했지만 실제로는 조선 사람들의 토지를 합법적으로 빼앗기 위한 작전이었습니다. 일부 농민은 대대손손 일궈온 내 땅을 왜 일본에 증명해야 하는지 이해하지 못했어요. 따라서 아예 일본의 말을 무시하는 농민도 나옵니다. 또 일부 농민은 어떻게든 자신의 토지임를 증명하고자 애를 썼지만 신고 절차가 너무 복잡했고, 문서를 다룰 줄 몰라 엄청나게 고생했습니다. 게다가 신고 기간도 너무 짧아서 지방에 사는 사람들은 토지조사를 한다는 사실조차 모르고 땅을 빼앗기는 일이 많아졌습니다.

토지조사사업 결과, 조선 토지의 약 40%가 일본 소유가 되어 버립니다. 농민들은 하루아침에 농사짓던 땅을 빼앗기는 신세로 전락하고요. 어쨌든 다시 땅을 구해서 농사를 지어야 했기에 그들은 자기 땅을 빼앗은 일본인을 찾아가 돈을 주고 땅을 빌린 뒤, 어렵게 농사를 짓게 됩니다. 정말 어이없는 일이지요? 하지만 힘없는 농민들의 시련은 이제 시작일 뿐이었습니다.

#일제강점기 #토지조사 #내_땅인지_어떻게_증명하나요 #교과연계+토지조사사업_실시

082

민족자결주의
모든 민족에게는
자신의 운명을 결정할 권리가 있다

3·1절은 우리나라를 식민지로 만든 일제에 대항하기 위해 '대한 독립 만세!'를 외친 날입니다. 거의 모든 사람이 한마음으로요. 그런데, 우리는 왜 위험을 무릅쓰고 '만세'를 불렀을까요? 함께 모여 소리친다고 해서 독립이 되는 것은 아닐 텐데요.

우리 민족이 만세를 외친 이유를 알려면 세계 상황을 먼저 이해해야 합니다. 당시는 제1차 세계대전이라는 참혹한 전쟁이 끝나갈 무렵이었어요. 각 나라의 수장들은 다시는 싸우지 말자고 약속하며 회의를 열게 됩니다. 그때, 미국의 대통령이었던 윌슨이 회의장에서 이런 말을 해요. "모든 민족에겐 자신의 운명을 스스로 결정할 권리가 있다. 독립하고 싶어 하는 나라가 있다면 우리가 도와주자!"

흔히 '민족자결주의'라고 불리는 이 선언은 모든 민족이 스

🔍 #일제에_대항하자 #대한_독립_만세 #독립_의지를_전_세계에 #교과연계+삼일_운동의_전개

스로 자신의 운명을 결정할 수 있다는 뜻입니다. 사람들은 이 말을 '한국이 독립을 원하면 미국은 독립을 도와주겠다'는 것으로 이해했습니다.

한국의 지도자들은 고민에 빠집니다. 다른 나라의 도움을 받으려면 무엇보다 한국이 독립을 원한다는 사실을 전 세계에 알려야 한다고 생각한 거죠. 그래야만 여러 나라 사람들이 우리의 독립 의지를 파악하고 한국을 도와줄 테니까요. 문제는 우리의 의지를 어떻게 알리는가, 하는 점이었어요.

지도층은 모든 사람이 같은 날에 방방곡곡 모여서 큰 소리로 "대한 독립 만세"를 외치기로 결정합니다. 하지만 무기는 절대 들지 말자고 했어요. 지구상에 독립을 간절하게 원하는 나라가 있다, 우리는 그 의지만 보여주면 된다, 하는 마음이었습니다. 이에 전국에 있는 사람들이 3월 1일, 각자 만든 태극기를 들고 '대한 독립 만세'를 외칩니다. 그때, 우리 선조들은 어떤 심정이었을까요, 태극기를 흔들며 만세를 부를 때 어떤 미래를 그렸을까요?

3·1운동은 성공하지 못했습니다. 일본이 총과 칼을 사용해 폭력적으로 진압했기 때문입니다. 하지만 3·1운동은 우리 역사를 긍정적인 방향으로 안내했습니다. 독립운동을 지도하는 '대한민국임시정부'가 만들어지고, 평범했던 사람들이 독립운동의 주인공이 되어 힘을 모으게 되거든요.

083

의열단

광복의 그날을 위해
무장도 불사한 사람들

일제강점기, 우리의 독립을 위해 정의롭고 열렬하게 투쟁했던 단체가 있습니다. 청년, 중년, 노인 할 것 없이 하나의 목표 아래 모여서 광복의 날을 꿈꾸었죠. 이 단체가 바로 '의열단'입니다.

의열단은 3·1운동을 계기로 등장했습니다. 3·1운동은 비폭력적이고 평화롭게 진행된 항일운동이지만, 일본은 이를 폭력으로 진압했습니다. 평화로운 독립운동에 한계를 느낀 사람들은 아무래도 무장 투쟁을 해야 하지 않을까 고민합니다.

그때, 모두의 생각을 행동으로 옮긴 사람이 나타나요. 바로 김원봉입니다. 그가 중심이 되어 만든 의열단은 1920년대 벌어진 다양한 저항운동 가운데 하나인 '의열투쟁'을 이끈 대표적인 단체입니다. 의열투쟁이란 암살이나 폭탄을 투척하는 방식으로 저항하는 것인데요. 가장 큰 목표는 조선 총독과 친일파, 일본의 우

Q #독립을_위한_투쟁 #의열단 #김원봉 #김상옥 #교과연계+의열단과_항일무장투쟁

두머리 등을 암살하고 일제의 주요 기관을 파괴하는 것이었습니다.

　대표적인 의열단원은 나석주, 김익상, 김지섭, 김상옥 등입니다. 이들의 활동은 모두 대단하지만, 그중에서도 영화의 한 장면 같은 의열단원의 활동이 눈에 띕니다. 주인공은 김상옥이에요. 김상옥은 종로경찰서에 폭탄을 던지고 무사히 빠져나왔는데, 이에 분노한 일본이 경찰 천여 명을 데려와 김상옥 잡기에 돌입합니다. 김상옥은 혼자서 많은 일본인과 싸우다가 마지막 남은 총알 한 발로 자결했습니다.

　김상옥의 활약에 놀란 일제는 의열단원들을 몽땅 잡아들이려고 기를 씁니다. 오죽하면, 의열단의 중심인물인 김원봉에게 붙은 현상금이 당시 돈으로 100만 원, 지금의 가치로는 320억이었을까요? 일본이 얼마나 의열단원을 두려워했는지 느껴지는 부분입니다.

 의열단은 독립을 쟁취하기 위해 끊임없는 개인폭력투쟁도 불사했습니다. 이들의 투쟁은 독립에 대한 희망을 잃지 않도록 많은 동포들에게 힘이 되어주었지요. 하지만, 1920년대 후반 의열단은 개인폭력투쟁에 한계를 느끼고 조직적인 무장투쟁으로 노선을 전환합니다.

084

산미증식계획
농사를 열심히 지었는데도
먹을 게 없네?

일본은 제1차 세계대전이 끝나고 난 뒤, 어려운 국내 상황에 직면해요. 먹을 쌀이 부족해진 국민이 쌀을 내놓으라며 폭동을 일으켰거든요. 농사를 더 많이 지으면 될 거 아니냐고요? 당시 일본엔 농사지을 인구가 줄어든 상황이었습니다. 많은 사람들이 도시로 나갔기 때문입니다. 자연스레 농사 인구가 부족해졌고 이는 결국 쌀 부족 현상으로 이어집니다.

　일본은 이 문제를 해결하기 위해 조선으로 눈을 돌려요. 조선을 일본의 식량 공급지로 만들자고 마음먹은 것입니다. 이렇게 해서 등장한 것이 일제의 '산미증식계획'인데요. 쌀米(미)을 많이 생산産(산)할 수 있도록 계획을 세우자는 뜻입니다. 이에 따라 일제는 자급비료와 함께 판매하는 비료를 강제로 구매하여 사용하게 했어요. 물을 쉽게 끌어올 수 있는 관개시설을 늘리고 수확량이 높은 품종으로 개량했고요. 이로써 조선의 쌀 생산량은 증가했습니다. 그러나 조선에는 아무런 도움이 되지 않았죠. 일본이 늘어난 쌀 생산량보다 더 많은 쌀을 자기 나라로 가져갔기 때문입니다. 예를 들어 쌀 100가마니를 생산했다면 80가마니를 가져간 것이지요.

그토록 열심히 농사를 지었는데도 정작 우리는 먹을 쌀이 없어서 오히려 만주에서 잡곡을 수입해야 했습니다. 그런데 이게 전부가 아니었어요. 일제는 조선에서 쌀 생산량을 늘리는 데 들어가는 비용을 우리 몫으로 돌렸습니다. 농사지어 남 주고, 배를 곯으며, 빚까지 떠안는 최악의 상황에 처한 것이지요.

일제의 산미증산계획은 일본과 조선 양쪽 모두에게 좋지 않은 결과를 남겼습니다. 일본의 횡포를 견디지 못한 조선의 농민들은 최소한의 먹을거리를 보존하기 산으로 들어가 화전민이 되었고, 따라서 소작인의 수가 급격하게 줄었으며, 일본에서는 쌀값이 폭락하여 농촌경제가 더 악화되었거든요. 결국 산미증식계획은 1934년에 중단됩니다.

Q　#일본_농사_인구_부족 #쌀_부족_현상 #일본의_횡포 #화전민 #교과연계+산미증식계획_실시

085

봉오동 전투
죽음의 골짜기로 적을 유인하라!

3·1운동 이후, 만주에 있던 수많은 독립군 단체들이 '무장독립투쟁'을 시작합니다. '무장'이란 무기로 장비를 갖추었다는 뜻인데요. 그중 대표적인 독립군 부대가 홍범도 장군이 이끈 '대한독립군'입니다. 대한독립군은 두만강과 압록강을 넘나들며 조선에 있던 일본군을 공격하는 등 종횡무진 활약했습니다. 그러자 일본은 화가 나서 대한독립군을 다 없애버리겠다고 결심해요. 그러고는 1920년 대한독립군의 본거지였던 봉오동을 몰래 습격했습니다.

이들은 어떻게 되었을까요? 150여 명의 일본군 사상자를 낸 뒤 도망갑니다. 이미 영화로도 상영되어 다 아는 장면이지만, 함께 봉오동 전투의 현장으로 가봅시다.

일본은 많은 군사를 이끌고 만주로 들어와 대한독립군을 추적했습니다. 하지만 만주는 우리의 독립군들이 거주하며 매일 훈련하던 곳이에요. 이곳의 지리를 누구보다 훤하게 알고 있었지요. 대한독립군은 우리에게 유리한 지역으로 일본군을 유인했는

데, 그곳이 '봉오동'입니다. 봉오동 주변에는 죽음의 골짜기라고 불릴 만큼 아주 좁고 길게 움푹 들어간 곳이 있었어요. 독립군이 유인했던 공간으로 일본군이 들어오자, 봉오동 주변 골짜기에 숨어 있던 독립군은 일본군을 공격했고, 일본군은 엄청난 사상자를 내고는 봉오동 전투에서 크게 패배합니다.

봉오동 전투에서 승리하자 많은 사람이 희망을 갖게 됩니다. 사실, 당시 우리 민족은 3·1운동 후 당연히 독립이 될 거라고 기대하고 있었는데, 뜻밖에 아무런 도움을 받지 못했고, 일본에서 벗어나지도 못했습니다. 자연스레 낙심하는 사람들이 많이 생겼고, 어떤 사람들은 독립을 포기하기도 했습니다. 그런데 봉오동 전투에서 일본군에게 크게 승리하자 사람들이 용기를 얻게 된 겁니다.

#무장독립투쟁 #홍범도_장군 #대한독립군 #다음은_청산리 #교과연계+무장독립투쟁의_전개

086

윤봉길의사
목숨을 걸고 던진 물통 폭탄

물통 폭탄과 도시락 폭탄 이야기를 아시나요? 25살의 청년 윤봉
길은 일본이 상하이 사변에 성공한 것을 기념하는 자리에 물통으
로 만든 폭탄을 던졌습니다. 상하이 홍커우공원에서 벌어진 일이
지요.

3·1운동 이후 대한민국 임시정부가 수립되었지만, 내부에서
여러 가지 갈등이 생깁니다. 서로 의견이 달랐던 탓에 임시정부
의 활동도 침체하였고요. 그런데, 일본이 중국 만주를 공격하는
일이 발생해요. 김구는 이것을 기회라고 생각합니다. 일본이 중
국 침략을 빌미로 한껏 들떠 방심할 때, 우리 임시정부가 죽지 않
았다는 것을 보여주자고 결심하지요. 이때 만들어진 것이 '한인
애국단'입니다. 한인애국단에서 활동했던 대표적인 사람은 이봉
창과 윤봉길인데요. 이봉창은 일본 국왕에게 폭탄을 던졌지만,

🔍 #상하이_물통폭탄 #윤봉길 #일본_국왕_폭탄 #이봉창 #중국의_지원 #교과연계+항일무장투쟁

아쉽게도 성공하지 못했습니다. 하지만 전 세계에 아직도 조선이 독립을 위해 싸우고 있다는 사실을 널리 알릴 수 있었어요. 중국에서는 이 사건을 '불행하게도 실패했다. 아쉽다'라고 표현할 만큼 이봉창의 활동을 지지했습니다. 그러자 일본은 "뭐야, 우리 천황이 죽기를 바랐던 거야?" 하면서 상하이를 침략합니다.

이때 한인애국단의 활동이 절정에 이른 사건이 발생합니다. 중국의 상하이 점령을 축하하는 파티 자리에 윤봉길이 나타나 일본 지도자들을 향해 물통 폭탄을 던진 거예요. 당시 축하 파티의 준비물이 각자 먹을 도시락과 물통이었다는 점에 착안하여 만든 폭탄이었습니다. 폭탄은 성공적으로 터졌고 일본의 지도자들은 죽거나 크게 다쳤지요. 이 사건을 보고 중국의 장제스는 "중국의 백만 대군이 못 한 일을 한 사람의 조선 청년이 해냈다"며 감탄했고 이후, 윤봉길이 소속된 한인애국단과 대한민국임시정부를 적극적으로 지원했습니다.

'의사'란 나라와 민족을 위해서 의롭게 싸운 사람들을 의미합니다. 이들은 주로 총과 폭탄 같은 무력을 사용하여 항거하다가 사망한 이들에게 붙여지는 칭호예요. '열사'란 무력이 아닌 맨몸으로 저항하다가 사망한 사람에게 붙는 칭호고요. 나라를 위해, 민족을 위해 신념을 지킨 분들을 기억하고 우리의 역사를 함께 돌아보면 좋겠습니다.

087

사회주의

다 같이 일하고, 쉬고,
수익을 나누는 세상

우리는 각자의 자리에서 능력껏 일해서 소득을 올리는 사회에 살고 있습니다. 돈을 벌고, 소비하고, 투자하고, 저축하는 그 모든 것이 개인의 능력에 좌우되는 사회에서는 경제력의 차이가 아주 큽니다. 이런 사회를 자본주의 사회라고 하지요. 그런데 만일 누군가가 "다 같이 일하고, 함께 쉬고, 수익이 나면 공평하게 나누자. 특별히 잘사는 사람도 없고, 특별히 못사는 사람도 없는 세상을 만들자"고 한다면요? 솔깃하지만, 현실에서는 불가능한 유토피아라고 생각할 겁니다.

이런 사회를 꿈꾸었던 사회주의사상이 대한제국 말기에 처음 소개됩니다. 본격적으로 영향을 준 것은 3·1운동 직후고요. 사회주의는 철도나 은행처럼 기본생활에 필요한 기관은 물론 다른 모든 경제활동까지 나라에서 계획하고 관리하여 생산물을 공평하게 나누는 것을 목표로 합니다. 그런데 사회주의의 모습은 소득을 분배하는 기준과 방법에 따라 다양합니다. 개인을 좀 더 생각하는 측도 있고, 전체의 이익을 더 중시하는 사상도 있습니다. 동학운동의 중심이었던 후천개벽 사상은 일종의 사회주의사상이죠. 기존 사회는 개인의 사유재산을 인정하고 일한 만큼의 대가를 받는 경제체제를 중심으로 돌아갑니다. 이런 사회에서는 기업주든 노동자든 소득을 더 올리려고 노력하게 마련인데, 그러다 보면 자연스레 구성원끼리 경쟁하게 됩니다. 문제는 이 과정에서 더 부유해지는 사람과 상대적으로 가난해지는 사람이 발생한다는 점인데, 자본주의 체제에서는 이를 어쩔 수 없다고 봅니다.

이때, 인류가 더 나은 사회를 만들어야 한다고 주장하는 사람들이 나오기 시작합니다. 돈 있고 힘 있는 사람이 약한 사람을 과하게 부리는 것은 옳지 않다, 강한 나라가 약한 나라를 침략하여 괴롭히는 것은 나쁜 일이다, 배가 불러서 음식을 버리는 사람도 있는데 못 먹어서 죽는 사람이 있다는 것은 말도 안 된다, 라고 주장하면서요. 그중 일부는 정부에서 적극적으로 경제에 개입해서 모든 사람이 공평하게 살 수 있도록 힘을 모아야 한다고 강조합니다. 사회주의를 꿈꾸는 사람들이 등장하게 된 것이지요.

특히 러시아에서는 노동자들이 사회주의를 꿈꾸며 성공적인 혁명을 일으킵니다. 한말의 일부 독립운동가들은 이 소식에 매우 감동했습니다. 강한 나라가 약한 나라를 괴롭히면 안 된다고 주

> 🔍 #자본주의 #사회주의 #공평한_분배 #전체의_이익 #교과연계+사회주의_사상의_등장

장하는 사상이라니, 노동자든 농민이든 지주든 함께 잘살 수 있는 나라를 만들 수 있다니, 하면서요. 따라서 일제강점기인 1920년대부터 사회주의사상이 우리나라에 본격적으로 퍼지기 시작합니다.

그러나 모든 사람의 생각이 똑같을 수는 없나 봅니다. 사회주의를 좋지 않은 시선으로 바라보는 독립운동가들도 있었습니다. 결국 우리 민족은 생각의 차이 때문에 크나큰 갈등에 직면하게 됩니다.

1920년대, 우리나라에도 사회주의 사상이 유입되었습니다. 이는 노동자와 농민 의식이 성장하는 계기가 됩니다. 사회주의자들은 노동자와 농민의 운동을 적극적으로 지원했어요. 이에 노동자들은 '최저임금 쟁취, 8시간 노동제 시행' 등을 주장했고, 농민들은 '경작하는 농민에게 토지를!'이라는 구호를 내세우며 토지혁명을 주장했습니다.

088

강제징용
강제노동의 끝판왕, 깊은 탄광에 끌려가 허리도 펴지 못하고

일제강점기, 일본은 만주사변, 중일전쟁, 태평양전쟁을 치르면서 더 많은 노동력을 요구하게 되었습니다. 싸워줄 군인도 필요했고, 전장에 나가 있는 동안 대신 일해줄 사람도 필요했어요. 그래서 일본은 '국가총동원법'을 만듭니다. 국가에서 원한다면 무엇이든 총동원할 수 있다는 뜻을 가진 법인데요. 이를 바탕으로 일본은 사람들을 마구 데려가기 시작합니다.

우리가 경험했던 끔찍한 경우를 함께 봅시다. 제2차 세계대전 중, 비행장을 건설한다는 명목으로 한국인들을 일본 교토로 잡아갔고, 석탄을 채굴한다며 사람들을 탄광으로 끌고 갔습니다.

당시 한국인이 강제로 끌려갔던 대표적인 탄광 중 하나인 하시마섬 탄광의 깊이는 무려 지하 1000미터나 되었는데요. 63빌딩 아래로 4개 연결된 깊이라고 하니, 얼마나 깊은지 짐작도 할 수 없습니다. 한국인들은 이곳에서 12~16시간 동안 나오지 못하고 죽어라 일만 했어요. 내려갈수록 공간이 협소하니까 작은 체구를 가진 어린 학생들을 골라서 데려가기도 했어요. 광산의 온도는 평균 40도가 넘었고, 밥은 하루에 한 번 콩깻묵 두 덩이를 줬다고 합니다. 콩깻묵은 콩기름을 짜고 남은 찌꺼기이니 사실 밥이라 할 것도 못 되지요. 화장실은 당연히 없었고 일한 만큼의 돈도 받지 못했습니다. 그래서 노동이 끝난 뒤에도 많은 한국인이 고향으로 돌아갈 수 없었습니다.

현재 일본은 강제노역 사실을 인정하지 않습니다. 일본이 하루빨리 자신들의 잘못을 인정하고 피해를 본 다른 나라에 용서를 구하면 좋겠습니다.

#총동원 #강제징용 #강제징병 #하시마섬 #탄광 #강제노역 #교과연계+일본의_병참_기지화_정책

089

위안부

당신의 이름을
헛되이 부르지 않겠습니다

전쟁과 같은 재난은 사회적으로 약한 위치에 있는 사람들에게 특히나 가혹합니다. 어린아이나 여성, 노인 같은 층이지요. 그들이 받은 상처는 이루 헤아리기 힘든데요. 그 깊은 상처를 40여 년이 지난 후에야 고백한 사람들이 있습니다.

　바로 위안부 피해자들입니다. 위안부는 일본이 2차 대전을 치르는 동안 본국 군인들의 성적 욕구를 풀어주기 위해 강제로 동원했던 여성들을 일컫습니다. 조선인과 중국인을 포함하여 필리핀, 태국, 베트남, 말레이시아, 인도네시아, 네덜란드 등 일본제국이 점령했던 나라의 수많은 여성이 일본군 위안부로서 강제 동원되었지요. 이들은 징용되거나 납치되거나 매매되는 등 여러 방법에 의해 위안부가 되었습니다. 우리나라의 경우 일본 경찰이 집마다 돌아다니며 여자들을 강제로 데려가거나 일자리를 준

#전쟁범죄 #사과하지_않는_일본 #평화의_소녀상 #교과연계+일본의_역사_왜곡과_위안부

다고 속여 유인했고요. 학교에서 주도하여 가난한 집 학생들에게
'일자리'를 준다고 속이는 경우도 많았습니다. 위안부로 끌려간
여성들은 10세에서 40세까지 연령의 폭이 넓었는데, 하루에도 수
많은 일본군을 상대하며 상상하지 못할 아픔을 겪었습니다.

일본이 무조건 항복을 하고 일제강점기에서 벗어난 뒤에도
위안부 피해자는 아픔에서 벗어나지 못했어요. 한국말을 잊어버
린 사람도 있었고, 평생 가지고 가야 하는 병에 걸린 사람들도 있
었죠. 하지만 위안부 피해자 할머니들은 그 고통을 아무에게도
말하지 못했습니다. 그러던 중 40여 년 시간이 지난 1991년, 마침
내 김학순 할머니가 최초로 위안부 피해 사실을 증언하면서 '위
안부 피해'가 전 세계에 드러나게 되었습니다.

그러나 일본 정부는 공식적인 사과와 보상은커녕 발뺌만 하
고 있습니다. 이에 우리나라에서는 1992년부터 지금까지 매주 수
요일 일본 대사관 앞에서 일본군 위안부 문제를 해결하라는 '수
요집회'를 열고 있습니다. 또한, 평화의 소녀상을 제작하여 일본
에 사과를 요구하고 있지요. 위안부 피해자 할머니들이 한 분이
라도 더 살아 계실 때, 일본 정부가 진심으로 고개 숙여 사죄하기
를 국민의 이름으로 기도합니다.

 과거 조국의 잘못을 인정하고 사과하는 일본인들도 있습니다. 어떤 일본인 교사
는 교과서에 나오지 않는 위안부 문제를 가르치며 진심으로 사과하기도 하고 어
떤 일본인은 수요집회에 함께하며 일본 정부의 공식적인 사과와 배상을 요구하
기도 하지요. 그러니, '모든 일본인은 나쁘다!'고 일반화하면 안 되겠지요?

북위 38도선
우리집에 왜 왔니, 왜 왔니, 무슨 꽃을 찾으러 왔니

광복 이후, 우리나라를 반으로 나눈 선이 하나 그어집니다. 이로 써 한반도는 선 하나를 가운데 두고 남과 북으로 나누어졌는데 요. 이것이 바로 38선입니다. 이 선은 어떻게 그어진 것일까요?

제2차 세계대전에서 일본이 연합국에 항복하면서 우리나라 는 그토록 열망했던 광복을 맞게 되었어요. 하지만 일본이 떠나 간 자리를 눈여겨보는 나라들이 있었으니, 바로 미국과 소련입니 다. 2차 대전 직후 세계는 냉전의 시기에 돌입합니다. 정치체제로 는 미국을 중심으로 하는 자유주의 국가와 소련을 따르는 사회주 의 국가 간의 대립인데요. 경제적으로는 사유재산을 인정하고 일 한 만큼 돈을 버는 자본주의와, 사유재산을 인정하지 않고 경제 활동을 국가의 통제 아래 두는 공산주의의 대립이었습니다. 미국 과 소련은 각각의 체제를 대표하며 팽팽하게 맞섰지요.

그런데 이들에게 아무런 체제도 선택하지 않은 '한국'이 보 인 겁니다. 미국과 소련은 내심 미소를 지으며 일제강점기가 끝

나기 무섭게 한국에 들어옵니다. 일본군을 싹 쫓아내겠다는 핑계를 대면서요. 그런데 이때 지리적으로 한국과 더 가까운 소련이 가장 먼저 한국으로 옵니다. 미국은 마음이 급해져서 소련에 이렇게 제안해요. "우리, 한국을 북위 38도 기준으로 나누어서 사이좋게 담당합시다." 소련은 이 제안을 받아들였고, 이때부터 한반도 안에서 미소의 대립이 본격화합니다.

35년간 계속된 일제강점기를 버티며 민족의 정신을 지켜온 우리 민족에게 왜 이런 시련이 다시금 닥쳤을까요? 많은 사람이 '대한민국임시정부'를 세우고자 끝없이 헌신하며 독립운동을 벌였는데 말입니다. 미국과 소련이 한반도에 들어오지 않았어도 우리는 독립적인 정부를 세우고 나라를 발전시켰을 겁니다. 하지만 미국과 소련을 선두로 당시 세계를 주름잡던 강대국들은 너무나 오만했어요. 오직 자신들만이 다른 나라를 도울 수 있다고 착각하고 있었지요. 그들은 요즘 말로 '선 넘는 행동'을 하고 말았습니다.

#삼팔선 #미국과_소련 #선_긋기 #분단의_예고편 #선_넘네 #교과연계+남과_북에_실시된_군정

"나의 소원은 우리나라 대한의 완전한 자주독립이오."
"30년간 육신의 쾌락은 다 누렸습니다. 이제 영원한 쾌락을 누리고자 합니다."
"너희도 만일 피가 있고 뼈가 있다면 반드시 조선을 위해 용감한 투사가 되어라."

위는 한인 애국단을 조직했던 김구와 그 단원이었던 이봉창, 윤봉길 의사의 이야기입니다. 한인 애국단 1호 단원이었던 이봉창은 일제강점기에 일본식 교육을 받으며 자랐습니다. 따라서 이봉창은 자신이 일본인이 되는 게 맞다고 생각했지만 현실은 조선인이라는 이유로 부당하게 핍박받았어요. 이러한 차별에, 이봉창은 조선인으로서 잃어버린 나라를 찾는 일이 가장 중요하다는 것을 깨닫습니다. 이봉창의 용기는 윤봉길의 독립운동에 영향을 주었고 윤봉길은 아버지로 사는 삶보다는 용감한 투사로서의 삶을 택하며 생을 마무리합니다.

이렇게 오직 독립을 위해 자신을 바친 분들이 계십니다. 반드시 우리의 힘으로 독립을 이루고 싶었던 김구. 그리고 바라던 독립이 되었지만, 김구는 무작정 기뻐할 수 없었어요. 온전히 우리의 힘으로 이룬 독립이 아닌, 일본이 연합군에 항복하여 맞이한 광복이었으니까요.
우려대로 미군과 소련군은 독립을 위해 희생한 대한민국 임시정부를 공식 정부로 인정하지 않았으며, 한반도에 '불편한 선'을 그어버립니다.
독립투사들이 목숨을 바쳐 간절하게 원하던 독립은 어떤 모습이었을까요?

091

신탁통치

주인공 빼고 생일파티를 한다니, 누구 마음대로?

어떤 일에 기대감을 갖고 있으면 하루하루가 너무 행복합니다. 내가 바라는 것들이 언제 이루어질까, 상상하면서 매일 열심히 살게 되는데요. 막상 그날이 다가왔건만 기대와 달리 최악의 하루가 된다면 어떡할까요?

여기에도 기대감에 부푼 사람들이 있습니다. 그토록 기다리던 일본의 강제 점령에서 벗어난 한국 사람들이에요. 일본은 1945년 8월, 무조건 항복을 하면서 우리나라를 도망치듯 떠나갑니다. 드디어 우리가 기다리고 기대했던 그날이 온 거예요. 모두가 다른 나라의 간섭을 더는 받지 않고 한국 정부가 우뚝 서는 순간만을 기다렸던 터입니다.

이때 차가운 물을 확 끼얹는 일이 발생합니다. 광복을 맞은 남북한을 미·소 양군이 점령했기 때문이에요. 독립된 정부를 기다리는 우리 민족에게 "당신들은 이제 막 독립해서 스스로 나라를 운영할 능력이 없으니 국제연합에서 알아서 다 해줄게요"라고 하는 겁니다. 이게 대체 무슨 소리죠? 정치를 대신해주는 법도 있나요? 알고 보니 국제연합의 주도 아래 미·영·중·소 4개국이 5년 동안 우리나라를 신탁통치하겠다는 것이었습니다. 신탁통치는 '스스로 나라를 다스릴 능력이 없는 정부를 대신해서 다른 나라가 일정 기간 대신 다스려주는 것'을 말합니다. 그러니까, 지금 한국은 스스로 통치할 수 없을 거라며 마음대로 결정한 것이지요.

더욱 놀라운 점은 한국에 관한 중대한 일을 결정하는데 한국 사람이 한 명도 참가하지 못했다는 것입니다. 주인공이 빠진 생일파티를 하는 셈이었지요. 신탁통치 보도를 듣게 된 우리나라는 너무도 당혹스러웠습니다. 일본의 강제 점령에서 벗어난 게 엊그

모스크바 3국외상회의 결과

1) 조선 임시 민주주의 정부 수립
2) 미소 공동 위원회와 조선 임시정부가 협의하여 미국, 영국, 중국, 소련의 4개국이 참여하는 최대 5년 기간의 신탁통치 마련

↓

신탁통치를 둘러싸고 좌익과 우익의 대립	↗우익	- 신탁통치에 반대 - 신탁통치는 한국인의 자치능력을 부정한 것이다!
	↘좌익	- 처음에는 신탁통치에 반대 - 소련의 지령에 따라 신탁통치를 찬성하는 태도로 바꿈 - 조선 임시 민주주의 정부를 수립하는 것이 우선이고 신탁통치는 한국에 대한 연합국의 후원이기 때문에 신탁통치를 찬성한다.

결과: 한국에서 좌익과 우익의 대립이 첨예화

제인데, 일본 대신 미·영·소·중이라니요! 사람들은 분노하며 일어섰고 '신탁통치 반대' 집회를 열었습니다.

그런데 또 다른 문제가 발생합니다. 처음엔 남북이 똑같이 반탁운동을 벌였지만, 점차 신탁통치에 대한 의견이 갈리기 시작합니다. 특히 좌익이 반탁에서 찬탁으로 입장을 바꾼 이유는 소련의 지령 및 소련과의 제휴가 있었을 것이라 추측하지요. 우리의 앞날은 어떻게 전개될까요?

🔍 #미국 #영국 #중국 #소련 #국제연합 #대신_디스려 #교과연계+신탁통치_실시를_둘러싼_대립

반민족행위 처벌법
민족을 배신한 친일파를 찾아라

대다수 사람이 좋아하는 드라마와 영화의 결말은 '권선징악'이라고 합니다. 착한 사람은 행복해지고 나쁜 사람은 벌을 받게 되는 엔딩 말입니다.

일제강점기가 끝나고 광복이 왔을 때, 사람들은 드라마나 영화 같은 결말을 꿈꾸었습니다. 독립을 위해 희생한 사람에겐 상을 주고, 나라를 배신했던 친일파에겐 벌을 내리는 꿈이었습니다. 하지만, 이런 일은 일어나지 않았습니다.

광복 후 3년이 지나서야 대한민국에는 친일파를 처벌하는 '반민족행위 처벌법'이 만들어집니다. 반민족이란, 민족에 반대하고 민족을 배신했던 사람들인 '친일파'를 말해요. 그 뒤로 친일파를 조사하고 처벌할 목적으로 '반민족행위 특별조사위원회'도 구성됩니다. 이를 줄여서 흔히 '반민특위'라고 불러요. 반민특위는 일제를 돕고 독립운동가를 탄압한 사람들을 찾기 시작했는데요. 친일파에 대한 분노가 얼마나 강했는지, 많은 시민이 직접 반민족 행위자 고발함에 신고서를 넣기도 했습니다.

하지만 반민특위의 활동은 성공적이지 못했습니다. 우선 이승만 정부는 반민특위의 활동을 지원해주지 않았어요. 반민특위에서 잡아간 사람들 중에 친일 경찰이 많았는데 당시 정부에서 경찰을 잡아가는 데 불만을 표한 거예요. 경찰들을 잡아가면 나라의 질서가 불안정해질 수 있다는 이유로 말입니다. 그뿐이 아니었어요. 반민특위의 사무실은 경찰의 습격을 받기도 했고, 여기서 일했던 사람들은 암살 위협에 시달리기도 했습니다. 결국, 반민특위는 1년도 못 되어 해산됩니다.

반민족행위처벌법에 의해 벌을 받은 사람들은 얼마나 될까요? 놀랍게도 13~14명에 불과했습니다. 대다수 친일파가 자신들의 행동에 아무런 책임을 지지 않았다는 뜻입니다. 오히려 그들은 광복 이후의 세상에서 사회적으로나 경제적으로 풍요로운 삶을 누렸지요.

반민족행위를 했던 사람들과 그들의 자손은 사회적으로나 경제적으로 모자람 없이 잘사는 반면 독립을 위해 자신은 물론 가족의 삶까지 바쳤던 독립운동가의 자손들은 여전히 어렵고 힘든 생활을 하는 경우가 많습니다. 역사는 우리에게 교훈도 주지만 되풀이되는 아픔도 함께 주나 봅니다.

Q #친일파_처벌 #반민족_행위자_고발 #되풀이되는_역사 #교과연계+광복_이후_정부_수립

093

크리스마스의 기적
6·25전쟁,
9만 피난민 사이에 태어난 생명

일본이 무조건 항복을 선언하면서 우리는 독립을 맞이합니다. 일본인들도 모두 자기 나라로 돌아가지요. 그런데 한반도에 싸한 긴장감이 돌기 시작합니다. 북쪽엔 소련이, 남쪽에는 미국이 자리 잡고 앉아 각자 주도권을 잡으려 대립하고 있었기 때문입니다. 이후, UN 결의에 따라 남한에 있던 미군이 철수하고, 1950년에는 애치슨 선언이 발표됩니다. 당시 미국의 국무부 장관이었던 애치슨이 "우리 미국은 지도상으로 보았을 때 동쪽으로 일본 오키나와와 필리핀을 연결하는 선까지만 방어해주겠다"고 선언한 것입니다. 대만과 한국은 쏙 빠진 거죠.

전쟁할 이유를 고심하던 북한은 신이 났습니다. 중국과 소련이 도와주고, 주한미군은 남한에서 나갔고, 애치슨 선언을 보니 미국이 한반도에는 관심이 없는 것 같고…. 김일성은 이렇게 미국이 한반도 전쟁에 개입하지 않을 것으로 오판하여 전쟁 준비에 박차를 가합니다. 그리고는 1950년 6월 25일 기습남침을 하여 전쟁을 시작합니다.

북한은 3일 만에 남한을 점령했어요. 이에 놀란 정부는 부산으로 피난을 갔고, 7월 17일 이승만 대통령은 맥아더 장군에게 모든 작전권을 이양한다는 메모를 남김으로써 국군의 작전 지휘권은 유엔군 사령관에게 넘어갑니다.

그 결과 인천상륙작전은 성공을 거두었고, 우리 군은 다시 서울을 되찾아 10월 1일 3·8선을 돌파했지만, 중국군이 더 많은 군인을 보내 북한을 도우면서 전세는 역전됩니다. 순식간에 내려온 중국군 때문에 남측은 후퇴를 거듭하면서 다시 한번 서울을 빼앗기지요.

전쟁은 계속되었고, 이어 3월에 우리 군이 서울을 재탈환하지만 3·8선 일대에서는 여전히 싸움이 진행되고 있었습니다. 예상 밖으로 전쟁이 길어지자 소련이 먼저 휴전을 제의했고, 약 2년간의 휴전회담 결과 1953년에 휴전 협정이 체결됩니다. 이로써 한반도에 휴전선이 그어지죠.

가슴 아픈 전쟁 가운데 '크리스마스의 기적'이라고 불리는 사건도 있었습니다. 중국군의 개입으로 연합군은 함경남도 흥남에서 철수할 준비를 하고 있을 때였어요. 영하 20도가 넘는 매서운 추위 속에서 함경도 흥남의 피난민들은 연합군에게 함께 데리고 가달라며 사정했지요. 곧 중국군이 흥남에 도착하여 흥남을 공격할 예정이었거든요. 고민하고 있던 미군 대장에게 우리 군은 피난민들을 데리고 가 그들을 설득합니다.

국군의 설득 결과, 연합군은 배에 있던 무거운 짐을 포기하고 피난민들을 태우기로 합니다. 따라서 약 9만 명이 넘는 피난민들이 무사히 배에 타 위험에서 벗어났고 심지어 배 안에서 새로운 다섯 생명도 태어났어요. 흥남 철수가 완료된 시점이 12월 23~24일이었고 12월 25일, 중국군은 흥남을 점령했습니다. 간발의 차였지요. 마치 크리스마스의 선물 같은 일이 발생한 것입니다.

🔍 #일본_항복 #대한민국_독립 #휴전선 #흥남철수 #피난민 #교과연계+6·25전쟁_전개_과정

094

이산가족

누가 이 사람을 모르시나요
가족을 찾습니다

사랑하는 사람과 헤어지는 것도, 오랫동안 키우던 반려동물과 헤어지는 것도 너무나 슬픈 일입니다. 그런데, 우리 주변에는 강제로 멀리 떨어져서 오랫동안 마음고생을 하는 분들이 있답니다. 6·25전쟁의 결과 한반도에는 절대 넘어갈 수 없는 분단선이 생겼는데요. 이때 사랑하는 가족과 어쩔 수 없이 헤어지게 된 사람들이 있습니다. 이들을 '이산가족'이라고 합니다.

　6·25전쟁을 치르는 동안 많은 가족이 피난을 떠나면서 뿔뿔이 흩어졌습니다. 그때까지만 해도 사람들은 전쟁이 끝나면 다시 만날 수 있을 거라고 생각했어요. 그러나 남과 북의 전쟁은 화해하는 것도, 전쟁을 끝내는 것도 아닌, '잠시 전쟁을 쉬는 것'으로 일단락되었습니다. 그 결과 다시는 남과 북의 가족들이 서로 만나지 못하게 되었어요.

　그뿐만이 아니에요. 같은 남한에 있더라도 서로 만나지 못하는 일도 있었습니다. 당시는 지금처럼 통신이나 SNS가 활발한 시대가 아니었기에 잃어버린 가족을 찾기가 너무나 어려웠거든요. 그때 〈이산가족을 찾습니다〉라는 프로그램이 나왔습니다. 이산 가족들의 사연을 방송에 내보내서 이것을 본 다른 가족이 방송국에 연락하게 만든 거였죠. 사람들은 방송국에 몰려와 이름과 사연을 적은 팻말을 높이 들고 기다렸습니다. 방송국 앞에 진을 치고서 누군가 알아볼 때까지 먹고 자는 진풍경도 벌어졌지요. 하지만 방송사에서는 북한에 있는 이산가족까지 만나게 해줄 수 없었습니다.

그런데 1985년에 처음으로 북한과 남한의 이산가족 상봉이 진행됩니다. 비록 30여 명의 가족만 참가했고 만난 기간도 무척 짧았지만 정말 역사적인 일이었지요. 첫 번째 이산가족 상봉 후, 사람들은 앞으로 진행될 이산가족 상봉을 기대했는데요. 안타깝게도 계속해서 이루어지지 못했습니다. 남한과 북한의 관계에 따라서 좌절되는 경우가 더 많았거든요.

전쟁은 죄 없는 사람들의 목숨을 앗아가고, 자연을 파괴하고, 사랑하는 가족이 헤어지게 만드는 가장 큰 범죄입니다. 세계 시민 모두가 전쟁을 반대하는 이유지요.

#이산가족_상봉 #헤어진_가족 #잘_있으라_다시_만나요 #교과연계+6·25전쟁의_결과

095

삼백산업

하얗고 달콤하며 부드러운 것들이 한반도를 점령하다

6·25전쟁 이후 한국의 경제는 심각한 상태에 빠집니다. 전쟁에 막대한 비용이 들어간 것도 모자라 물건을 생산해내는 공장들이 무너졌고, 노동력의 손실도 어마어마했습니다. 다른 나라에서 도움을 받지 않으면 도무지 살아날 수 없는 상태였습니다. 결국 한국은 선진국에 SOS를 칩니다. 이로써 '원조경제' 시대가 시작되는데요. '원조'란 물건이나 돈으로 도움을 준다는 뜻입니다. 한국에 대한 미국의 경제원조는 이때 시작되었습니다. 당시 미국에는 과잉 생산된 농산물이 많았습니다. 미국은 넘쳐나는 생산물을 처리할 시장으로, 그리고 친구 나라인 한국의 안정을 돕는다는 명목으로 경제원조를 했습니다.

　　미국의 원조 물자로는 '밀'과 '원당'이 있습니다. 밀은 '밀가루'를 만드는 주재료이고 '원당'은 설탕을 만드는 원료였습니다. 밀과 원당을 공급받은 대한민국은 밀가루와 설탕을 생산합니다. 미국은 또 '솜'을 제공했는데, 우리는 이를 활용해 면직물을 많이 만들 수 있었습니다. 따라서 전쟁 이후, 한국에서는 밀가루, 설탕, 면직물이 많이 생산되었지요. 이 상품들의 공통점은 무엇일까요?

세 가지 상품 모두 흰색이라는 공통점을 지닙니다. 미국의 원조경제로 한국에서 세 가지의 하얀 산업이 발달한 것을 두고 '삼백산업'이라고 해요. 그런데 정부는 미국으로부터 원조받은 원료들을 가공시설을 갖춘 회사에 먼저 제공했습니다. 따라서 가공시설을 먼저 갖춘 대기업은 원료를 값싸게 확보하여 큰 이익을 낼 수 있었어요. 하지만 이 과정에서 중소기업은 배제되었고 그 결과 우리나라의 고질적인 문제인 대기업 위주의 경제성장이 이루어지게 됩니다.

한편으로 국내에서는 밀을 생산하는 사람들의 수가 눈에 띄게 줄어듭니다. 아무리 국산 밀을 싸게 팔아도 미국에서 들어오는 밀이 훨씬 저렴했기 때문이지요. 그래서 우리 밀 농사는 줄어들게 되었고, 지금도 밀가루는 외국에서 수입하는 경우가 많습니다.

이후, 먹거리의 변화도 일어났습니다. 전쟁 이전만 하더라도 밀가루는 귀한 음식이었지만, 1960년대 밀가루의 생산량이 급격히 늘면서 가격이 떨어지자 찐빵, 국수 같은 밀가루 음식이 날로 인기를 얻게 되었답니다. 식생활의 변화가 전쟁과 관련이 있다니, 참 놀랍고도 흥미롭지요?

Q #원조경제 #경제원조 #원료_공급 #가공_생산 #먹거리_변화 #분식 #교과연계+6·25전쟁의_결과

096

4·19혁명
부모 형제들에게
총부리를 대지 말라!

우리나라 헌법 1조 1항에는 "대한민국은 민주공화국이다"라고 나와 있습니다. 국민이 주인이 되는 사회에 살면서 투표를 통해 국민 대신 일해줄 대통령과 국회의원들을 뽑습니다. 우리가 오늘날 누리는 것처럼 자유와 평등이 보장된 민주주의 사회가 되기까지는 우여곡절이 많았습니다.

1948년에 만들어진 제헌헌법 내용에 따르면 대통령은 국회의원이 뽑게 되어 있습니다. 이때 처음으로 우리나라의 대통령이 된 사람이 '이승만'입니다. 당시는 국회의원 임기가 2년, 대통령의 임기는 4년이었는데요. 대통령은 큰 문제가 발생하지 않는 한 4년을 한 번 더 할 수 있었습니다. 그런데 이승만은 여기서 만족하지 않고 법을 바꿔가면서까지 계속해서 대통령을 하려고 했어요. 1952년에는 역사상 첫 번째로 헌법을 바꾼 '개헌'으로 대통령 선거를 직선제로 바꿉니다.

결국 그는 12년에 걸쳐서 대통령직을 수행했는데, 4번째 대통령 선거가 있던 1960년 3월 15일, 우리 국민은 황당한 경험을 하게 됩니다. 비밀투표가 아니라 세 사람, 여섯 사람, 아홉 사람을 한 조로 묶어 공개적으로 투표하게 하거나, 돈을 주고 이승만을 찍게 하거나, 이승만을 찍으라고 협박하는가 하면 아예 투표함을 바꿔치기하는 일까지 벌어진 거예요. 이 사실에 화가 난 시민들에 게 결정적인 계기가 된 사건이 연이어 벌어집니다. 선거 당일인 3월 15일, 마산에서 부정선거에 항의하는 시위가 있었는데요. 여기 참여했다가 실종되었던 김주열 학생의 시신이 4월 11일, 마산 앞바다에서 떠오른 거예요. 그의 한쪽 눈에는 최루탄이 박혀 있었습니다. 당시 이승만 정권이 시위에 참여했던 사람들을 조준하여 최루탄을 쏘았기 때문입니다.

이 사건이 계기가 되어 우리 국민은 4월 19일 혁명을 일으킵니다. 부정선거 책임자를 처벌하고 대통령 선거를 다시 치르자고요. 그러나 이승만 정권은 무력으로 시민들을 진압했어요.

시민들은 물러서지 않았습니다. 대학 교수들과 대학생들이 시위를 이끌자 고등학생과 중학생, 심지어 초등학생들까지 시위에 참여했는데요. 어린 학생들은 "부모 형제들에게 총부리를 대지 말라!"고 외쳤습니다.

결국 4·19혁명으로 이승만은 대통령직에서 물러났습니다.

🔍   #헌법 #대한민국 #국민 #자유 #평등 #개헌 #3·15부정선거 #이승만 #교과연계+민주주의_혁명

독재정치에 저항하는 혁명을 일으켜 국가의 주인은 국민이라는 사실을 확실하게 보여준 것이지요. 하지만, 민주주의를 완성하기 위해서 거쳐야 할 시련은 여전히 남아 있었답니다.

새로운 역사가 쓰여지는 순간에 큰 획을 그은 학생들이 있습니다. 3·1운동을 힘차게 이끌었던 유관순 열사. 당시 유관순 열사의 나이는 18살이었어요. 또한, 4·19혁명의 시발점이 된 김주열 열사의 죽음은 그의 나이 17살에 다가온 일입니다. 이들 뿐만이 아닙니다. 나라가 힘들 때에 많은 학생들이 거리로 나가 '대한 독립 만세'를 외치거나 '독재 타도'를 부르짖었답니다. 대한민국 역사의 중요한 순간마다 늘 이 땅의 학생들이 든든하게 맞섰다는 것을 기억하면 좋겠습니다.

유신헌법
대통령은 나만 혼자 오~래 할 거야

현재 우리나라의 대통령제는 연속해서 일하는 것을 금지한 5년 단임제입니다. 그런데 우리 역사에서 18년 동안 대통령을 했던 사람이 있어요. 바로 박정희입니다. 군인 출신이었던 그는 5·16 쿠데타를 통해 정권을 장악하고 대한민국의 대통령이 되었어요. 그러고는 2번 대통령을 하고 나서 법을 바꾸어 연속으로 3번 대통령을 합니다. 여기서라도 멈췄으면 좋았을 텐데, 그는 더 오래오래 대통령을 하고 싶어서 꾀를 냅니다. 1972년, 유신헌법을 만든 거예요.

'유신'이란, 낡은 것을 새롭게 바꾼다는 뜻인데요. 그의 명분은 "대한민국을 더 새롭게 하고 더욱더 발전시키기 위한 법을 만든다"는 것이었습니다. 그러나 실상은 독재정치를 위한 준비였어요. 왜냐하면 유신헌법의 핵심은 '대통령의 권한을 크게 강화'하는 것이었기 때문입니다. 어떤 내용일까요?

대통령은 국회의원의 1/3을 직접 뽑을 수 있었고, 국회를 해산시킬 수 있었습니다. 또 재판하는 사람들을 직접 임명할 수 있었습니다. 가장 중요한 것은 박정희가 장악하고 있는 기관에서 간접선거로 대통령을 뽑게 했다는 것, 대통령을 무제한으로 할 수 있게 했다는 점입니다. 그는 이렇게 유신헌법을 통해 긴 독재의 기반을 만들어놓은 거예요.

사람들은 얼마나 불만이 많았을까요? 이런 민심을 의식했는지 박정희는 사회 전체를 엄격하게 통제하기 시작합니다. 대중가요의 가사를 심사하여 조금이라도 이상하거나 마음에 들지 않으면 금지곡 딱지를 붙였습니다. 대표적인 예로, 이장희 가수의 〈그건 너〉라는 가요를 들 수 있겠군요. 가사에 나오는 "그건 너, 그건 너, 바로 너 때문이야"라는 구절이 마치 남 탓을 하는 것 같다며 금지한 거예요. 아마 박정희 자신을 겨눈 듯 여겼겠지요? 이런 어처구니없는 이유로 금지된 곡이 무려 200여 곡 이상이었습니다.

모든 가요의 가사 하나하나를 신경 쓰며 의미를 부여하고 통제한다는 것은 사실 무엇인가 찔리는 것이 있어서겠죠? 유신헌법을 발표하며 모든 국민을 통제할 수 있다고 생각했던 박정희는 부하 김재규 손에 죽게 되고, 이로써 유신 독재는 끝이 납니다.

#단임제 #연임제 #유신 #대통령_권한 #독재 #사회_통제 #노래까지 #교과연계+박정희_정권

5·18광주민주화운동

기나긴 밤이었거든
죽음의 밤이었거든

지금은 다른 나라에서 일어난 일도 몇 분 만에 알 수 있는 세상이지만, 불과 40여 년 전만 하더라도 사람들은 다른 지역의 소식을 방송에만 의지해서 알 수 있었습니다. 나쁜 마음을 먹고 방송사만 잘 설득하면 잘못된 정보를 사람들에게 마구 심어서 생각 자체를 바꿔버릴 수도 있었죠.

박정희 대통령은 무려 18년 동안 독재정치를 했습니다. 그러나 1979년 10월 26일 김재규가 쏜 총에 박정희는 목숨을 잃게 되지요. 사건이 벌어지자 사람들은 "이제 독재에서 벗어나 민주주의를 실현할 수 있을 것"이라고 기대했습니다. 그런데 국민의 기대를 비웃기라도 하듯 전두환이 등장합니다. 군인이었던 전두환은 쿠데타를 일으켜 대한민국의 권력을 장악했고, 계엄령을 발동하면서 군부독재를 시작합니다.

1980년 5월 18일, 전두환 세력에 반발했던 광주시민들은 시위를 전개합니다. 그런데, 이게 무슨 일일까요. 전두환의 명을 받은 군인들이 광주시민들을 폭력으로 무자비하게 진압한 것입니다. 그들은 일반 시민들에게 무차별 공격을 가하고 칼을 휘둘렀어요. 세상이 발칵 뒤집혀야 할 사건인데도 세상은 이상하게 조용합니다. 알고 보니 전두환 세력이 광주를 꽁꽁 막아버린 뒤 아무도 광주에 들어가지 못하고 하고, 그 누구도 광주에서 나가지 못하도록 철저하게 막은 탓이었습니다. 그들은 심지어 전화선도 끊어버렸습니다. 그러고는 방송사를 장악하여 잘못된 뉴스를 보도합니다. "지금 광주에 북한 간첩들이 내려와 군인과 경찰을 공격하고 있습니다"라고 국민을 선동하면서 악마의 편집을 통해 자신들에게 유리한 영상만 내보냈습니다.

광주시민들은 시민군을 만들어 저항했지만, 5월 27일 결국 전두환 세력에 진압되고 말아요. 그리고 허수아비 임시 대통령 노릇을 하던 최규하를 내쫓고 1980년 8월 전두환은 제11대 대통령에 취임합니다. 잘못된 보도로 역사 속에 묻힐 뻔했던 5·18 광주 민주화 운동은 독일인 기자 '힌츠 페터'에 의해 제대로 알려지게 되었습니다. 그는 광주 민주화 운동을 카메라에 그대로 담았고, 이 영상은 다큐멘터리로 제작되어 마침내 그날의 진실이 알려지게 된 것입니다.

힌츠 페터는 광주 민주화 운동을 회상하며 "베트남전에서 종

🔍 #김광석_이_산하에 #BTS_슈가_518-062 #전두환 #쿠데타 #계엄령 #교과연계+민주주의_혁명

군기자로도 활동했었지만 이렇게 많은 시신을 본것은 처음이었다" "한 여자와 그의 남편이 통곡하고 있었는데, 그 소리가 아직까지 생생하게 들린다"고 말하기도 했습니다.

어떠한 언론은 진실을 감추는데 앞장서 사실을 외면하고 외곡하여 보도할때, 진실을 알리려는 진정한 언론인도 있었기 때문에 지금 우리가 그날의 진실을 기억할 수 있는 것이겠지요.

민주화 운동의 뜨거운 열기를 느낄 수 있던 광주는 대규모의 항일운동이 일어났던 곳입니다. 일제강점기인 1929년, 일본 남학생이 한국인 여학생을 희롱한 일을 계기로 한국과 일본 학생 간에 싸움이 벌어졌는데, 일본 경찰이 한국 학생만 탄압한 거예요. 분노한 한국 학생들은 일본의 식민통치와 식민지 교육에 반대하며 항일운동을 전개했습니다. 광주 학생 항일운동은 전국적으로 퍼졌는데, 이는 3·1운동 이후 가장 큰 규모의 항일운동으로 평가됩니다.

6월 민주항쟁

1987년 서울의 봄, 민주화를 외치며

20대의 젊은 청년이 경찰에 끌려간 지 하루 만에 죽은 채 발견됩니다. 경찰은 "학생이 잔뜩 겁을 먹어서, 책상을 탁! 치니 억! 하고 죽었습니다"라고 발표합니다. 1987년 1월의 일인데요. 당시 서울대학교에 재학 중이었던 박종철 학생을 불법으로 체포하여 고문하다가 죽게 만든 끔찍한 사건이었지요.

1980년대는 전두환의 독재정치 때문에 많은 사람이 끊임없이 민주화 운동에 투신했던 시기입니다. 당시 민주화 운동을 하는 사람들은 쥐도 새도 모르게 끌려가서 고문을 당하거나 실종되는 일들이 많았는데요. 어쩜 여러분 가운데는 "그럼, 전두환을 대통령으로 뽑지 않으면 되잖아요?" 하고 물을지도 모르겠네요. 그런데 안타깝게도 어쩔 수가 없었습니다. 당시는 국민이 직접 대통령을 뽑는 '직선제'가 아니라 '간선제'였거든요. 전두환이 자신의 세력을 체육관에 모아놓고 대통령 선거를 실시한 거예요. 전두환을 따르는 무리가 모여 투표했으니 결과는 불 보듯 뻔했겠지요.

이에 우리 국민은 대통령 선거를 직선제로 바꾸라며 시위를 합니다. 그런데 다시 한번 믿지 못할 일이 벌어져요. 1987년 4월 13일, 전두환이 절대 직선제로 바꾸지 않을 거라고 엄포를 놓은 거예요. 이에 시민들은 직선제를 성취하여 민주주의를 완성하겠다는 목표로 뜨겁게 일어섭니다. 그해 6월, 전국적인 시위가 벌어지고, 시위 학생들을 경찰이 폭력으로 진압하는 과정에서 비극적인 일이 또 한 번 발생합니다. 절대 사람을 향해 쏘아서는 안 되는 최루탄에 맞아 대학생이었던 이한열 군이 피를 흘리며 쓰러졌습니다. 이 장면을 본 많은 시민이 결국 시위에 가담하게 되었고 이로써 6월 항쟁이 일어납니다. 학생들은 물론이고 버스와 택시들도 경적을 울리며 정부에 저항했습니다. 또, 높은 건물들은 정해진 시간에 불을 끄며 항의에 동참했고 회사원들도 시위에 적극적으로 참여했지요. 전 국민의 참여로 결국 전두환은 물러나게 되었습니다. 그리고 1987년 6월 29일 대통령 직선제가 결정됩니다.

때마다 돌아오는 국회의원 선거와 대통령 선거. 우리가 마땅한 것으로 여기는 비밀투표, 직접선거, 평등선거는 결코 저절로 얻어진 게 아니에요. 오늘날 우리가 누리는 민주주의를 위해 수많은 사람이 목숨까지 바치며 노력했다는 것을 기억했으면 좋겠습니다.

🔍 #직선제 #간선제 #폭력_진압 #최루탄 #목숨_바쳐_일군_민주주의 #교과연계+6월_민주화_항쟁

IMF사태
대한민국 파산 위기, 국민이 함께 마음을 모아 극복하다

여러분, 꼭 갖고 싶은 물건이 있어서 부모님께 돈을 빌려본 적 있나요? 다음 달 용돈을 받으면 꼭 갚겠다고 하면서요. 어른들은 집이나 차를 살 때처럼 큰돈이 필요할 때 은행에서 돈을 빌리기도 합니다. 그러면, 국가에서 돈이 부족해 빌리고 싶을 땐 어떡할까요? 나라에 돈이 없으면 어떻게 될까요?

대한민국도 나라의 돈이 부족해서 큰 위기를 겪은 적이 있습니다. 1997년의 일명 'IMF사태'입니다. IMF란 '국제통화기금'의 약자인데, 국가가 보유하고 있는 돈이 쏙 떨어지면 이곳에서 국가를 상대로 돈을 빌려줍니다. 그러니까 어른들이 말하는 'IMF 시대'란 국제적 금융기구에 돈을 빌릴 만큼 나라 살림이 어려웠던 시기를 의미하겠지요?

대한민국은 1997년에 IMF로부터 돈을 빌려야 하는 상황에 놓입니다. 재정 상태가 좋지 않은 기업들이 무너지기 시작하자 그동안 우리나라에 투자했던 해외 기업이 앞다퉈 돈을 빼내는 거예요. 그 결과, 나라의 재정은 순식간에 어려워지고, 한국은 외국에서 빌렸던 돈을 갚지 못하는 형편에 이릅니다.

국가의 입장에서는 하루라도 빨리 이 위기를 극복해야 했어요. 안으로는 많은 기업과 은행이 하루아침에 망해버리고 그로 인해 엄청난 실업자들이 등장하고 있는 긴박한 상황이잖아요. 외국에서 빌렸던 돈을 갚지 않으면 나라가 파산할 수도 있습니다. 정말 위급한 상황이죠? 개인이 은행에 돈을 많이 빌리고 제대로 갚지 못하면 신용불량자가 되어 파산하는 것과 같은 상황에 빠진 겁니다.

이때, 전 국민이 한마음 한뜻이 되어 위기를 극복하고자 금을 모으기 시작했습니다. 금은 전 세계에서 동일한 가치를 인정받는 공용화폐의 역할을 했기 때문입니다. 사람들은 가지고 있던 금반지, 금목걸이, 금시계 등 금으로 된 것들을 다 꺼내 나라에 주었습니다. 이런 노력 덕분에 대한민국은 불과 4년 만에 IMF체제를 졸업하게 됩니다.

Q 　#직선제 #간선제 #폭력_진압 #최루탄 #목숨_바쳐_일군_민주주의 #교과연계+6월_민주화_항쟁

남북정상회담

소통 없는 평화 없다
소중한 한반도의 평화를 위해

광복 이후, 남과 북은 이념의 차이로 갈등을 빚게 되었고 1950년 6월 25일 발발한 전쟁으로 인해 분단의 아픔을 겪게 되었습니다. 남과 북은 아주 긴 시간 동안 하나의 나라였기에 같은 언어와 역사를 공유하지만, 분단의 시간이 길어지면서 현재는 남한과 북한이 나뉘어 있는 것을 당연하게 느끼는 것 같습니다.

남과 북이 분단되고 난 직후에는 서로를 무조건 비난하는 분위기가 형성되었어요. 그러다 1971년, 이산가족 문제를 논의하기 위해 처음으로 남과 북이 공식적으로 대화하기 시작했고 이를 계기로 남과 북은 평화통일을 위한 노력을 조금씩 해나갔지요. 그결과, 1985년에 이산가족 상봉이 합의되었습니다. 앞에서 살펴본 것처럼 분단 이후 처음 있는 일이었어요. 서울과 평양에 고향 방문단이 오가며 예술 공연 행사가 이어졌고 일부 이산가족이 상봉할 수 있었습니다. 하지만 2000년 이전까지만 하더라도 남한과 북한의 정상들이 만난 적은 없었습니다.

정상이란, 한 나라를 대표하는 최고 권력자로 우리나라의 정상은 대통령입니다. 국제사회에서 우리나라를 대표하는 대통령이 나라의 문제를 해결하고 의논하기 위해 다른 나라의 정상과 만나는 것을 정상회담이라고 합니다. 남한과 북한 사이의 정상회담은 한 번도 이루어진 적 없었지요. 하지만 오랜 노력으로 2000년, 남한의 김대중 대통령과 북한의 김정일 국방 위원장이 최초로 만나는 정상회담이 이루어졌고 이로써 남과 북은 화해하고 협력하여 평화통일을 이루겠다는 내용이 담긴 6·15남북공동선언을 발표하였습니다. 이를 계기로 남한과 북한의 관계가 긍정적으로 발전하기도 했어요.

하지만 오늘도 여전히, 남과 북의 관계는 하루에도 수십 번씩 바뀌고 있습니다. 평화를 지향하며 다양한 교류와 협력을 시도하지만, 생각처럼 관계 회복이 쉽게 이루어지지는 않고 있습니다. 평화로운 한반도를 만들기 위해서는 어떤 노력을 해야 할까요?

🔍 #최초의_남북정상회담 #평화 #협력 #교류 #6·15남북공동선언 #교과연계+남북정상회담_실시

101
한국사